LES FABLES D'ESOPE,

GRAVÉES
PAR SADELER,

AVEC
UN DISCOURS PRÉLIMINAIRE,
& les Sens Moraux en Distiques.

Édition toute différente de la premiere.

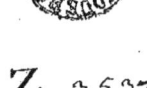

A PARIS,
Chez THIBOUST, Imprimeur ordinaire du ROY,
Place de Cambray.

M. DCCXLIII.
AVEC PRIVILEGE DE SA MAJESTÉ.

DISCOURS SUR ESOPE,
ET SES FABLES.

I.

Vie d'Esope.

SOPE a été contemporain de Cræsus & de Cyrus ; son siécle a donc été l'un des plus brillans & des plus connus de l'antiquité. C'est le siécle de Solon, & des autres Sages de la Grece. C'est celui de Stésichore, d'Alcée, de Sapho, de Simonide, de Pythagore, & de Pysistrate. Cette époque n'est pas douteuse. Mais que sçait-on de sûr, & de particulier sur ce qui le regarde ?

On sçait par Suidas (*a*) qu'il est né vers la XL Olympiade, dont la premiére année répond à l'an du Monde 3384, six cent vingt ans avant l'Ere Chrétienne : Par Eusebe (*b*) qu'il est mort tout à la fin de la LIV Olympiade, qu'Ussérius fait concourir avec l'année

(a) *In v.* Αἴσωπος.   (b.) *In Chronic.*

iv *DISCOURS PRELIMINAIRE.*
4153 de la Période Julienne, en quoi Dodwel (*a*) & lui, ne différent que d'une année : Par Aphtone (*b*) qu'étant efclave, il eut dans Athenes Démarchus pour Maître : Par Hérodote (*c*) qu'il en eut deux autres dans Samos : Xanthus, & Idmon : & que chez ce dernier il eut pour coefclave la fameufe Rhodope. L'autorité d'Hérodote eft bien forte fur notre fujet ; ce célebre Hiftorien n'étant venu au monde, que foixante & dix-fept ans ou environ depuis la mort de notre Auteur, & ayant travaillé à fon Hiftoire dans Samos même (*d*) où les faits, qui regardoient Efope, étoient encore fi récens, & n'avoient pû être oubliez des habitans de cette Ville, qu'il avoit fi bien fervis par le confeil qu'il leur donna dans une conjoncture des plus interreffantes pour eux, fous l'enveloppe délicate de l'Apologue fi fenfé du Renard bleffé, & des Guêpes, qui lui fuçent le fang (*e*).

De cette Ifle, où il fut affranchi par Idmon, (*f*) il paffa à la Cour de Cræfus, qui l'avoit demandé aux Samiens, & il s'y trouva avec les autres Sages de la Gréce, & Solon nommément, avec lequel il eut l'entretien remarquable, qu'on trouve dans Plutarque (*g*) au fujet de Cræfus, dont le Légiflateur d'Athenes venoit d'être congédié, pour n'avoir pas eû affez de ménagement pour la foibleffe de ce Prince, qui fe complaifoit trop dans fes richeffes. Solon quitta donc fa Cour, & notre Auteur partit pour Delphes, député par Cræfus, pour y porter les préfens, que ce Monarque vouloit confacrer à

(a) *Notes fur l'âge de Pythag.* *Aul. Gell. l.* 15. c. 23.
Les Marbres d'Oxfort.
(b) *Apht. Suid. Méziriac.*
(c) *Hérod. & Plut. Vie de Solon.*
(d) *Dupin, Bibl. Univ. des Hift.*
(e) *Arift. Rhet l.* 2. c. 20.
(f) *Heracl. Politic Samior. Suid.* in v. μᾶλλον ὁ ὄρυξ.
(g) *Vie de Solon.*

DISCOURS PRELIMINAIRE.

l'Oracle (*a*). Efope à cette occasion repassant par Athenes & y trouvant toute la face du Gouvernement changée par l'usurpation de Pysistrate, fit sur cet événement placé par tous nos meilleurs Chronologues (*b*) à la fin de la 4.e année de l'Olympiade LIV sa célebre Fable des Grenoüilles, qui lasses de leur liberté voulurent avoir un Roy (*c*).

Continuant sa route, & arrivé à Delphes, il s'acquitta de sa commission pour ce qui regardoit l'Oracle, mais par rapport aux présens particuliers, dont il étoit chargé pour les habitans de cette Ville, il les renvoya à Sardis; ces habitans lui en ayant paru indignes : Sujet de leur fureur contre lui, & la cause de la mort, qu'ils lui donnérent, en le précipitant du haut d'un rocher, sourds à l'Apologue de l'Aigle & de l'Escarbot (*d*) qu'il fit en cette extrémité, pour leur mettre devant les yeux les châtimens qu'ils se préparoient de la part de la Justice Divine, qui ne laisseroit pas cette action impunie.

Les effets suivirent ces menaces, & ce ne fut qu'à la troisiéme génération, qu'un des descendans d'Idmon, celui des Maîtres d'Esope, que j'ai nommé le dernier, ayant reçû sur la réponse de l'Oracle la satisfaction de cette mort, tous les fléaux, dont Delphes avoit été affligée, cessérent. Hérodote avoit pû se trouver avec cet arriére fils d'Idmon, & en parler comme témoin oculaire. Quoi qu'il en soit, je l'ai pour garant de tous ces faits (*e*) avec plusieurs Auteurs très graves. On peut les consulter : Je les indique (*f*).

(a) *Herod. l.* 1. *c.* 50. *& * 51. *Plutarch. de Pythic. orac.*
(b) *Les marbres d'Oxfort. Dodvvel, notes sur son traité de l'âge de Pythag. Plutarq.*
(c) *Phed. l.* 1. *fab.* 2.
(d) *Arist. in Pace, v.* 128. *in Vesp. v.* 1436. *le V. Schol. de ce Poëte.*
(e) *Euterpé. N°.* 135.
(f) *Aristot. politic. l.* 5. *c.* 4. *Plutarq. de ser. num. Vindic. Suid. in v.* φαιδρίας, *Elien. lib. de Socrat. Meziriac.*

Athenes, qui avoit posledé Esope, lui fit dresser une Statuë, dont Phedre releve la beauté (*a*) Agathias (*b*) la donne pour l'un des ouvrages sortis de la main du fameux Lysippe, & dit qu'elle étoit placée au-dessus de celle des Sept Sages. Philostrate (*c*) & Tatien (*d*) font mention de deux autres de ces Statuës. Quel est l'Auteur d'un tems si reculé, dont la mémoire soit parvenuë jusqu'à nous par le secours d'autant de monumens, & de témoignages illustres ?

II.

Esope est-il inventeur.

Esope est-il inventeur après tout ? Ce que, ceux qui n'en conviennent pas (*e*) lui opposent, se réduit aux Paraboles, dont nous avons des exemples si anciens, & si respectables (*f*) & à une Allégorie, qu'on trouve dans Hésiode (*g*).

C'est supposer de la part de ceux qui forment ces objections, qu'Esope né dans quelque partie de la Lybie (*h*) & esclave par état, a eû, & pû avoir connoissance de ces exemples.

C'est supposer encore que les Similitudes, les Allégories, & nos Fables ne sont que la même chose, & qu'il n'entre pas plus d'Art, plus de Composition, dans les unes, que dans les autres ; d'où il suivroit que nous sommes tous Auteurs nez en fait d'Apologues, le lan-

(*a*) *Liv.* 2. *tout à la fin.*
(*b*) *Dans une Epigr. de l'Antholog. tit.* 33. *in Philosoph.*
(*c*) *Imag. l.* 1.
(*d*) *Advers. Græc.*
(*e*) *Quintil. de Orat. l.* 5. *c.* 11. *Plutarq. Banq. des Sept Sages. Ménag. sur Diog. Laerc. l.* 1. *N°* 72. *le Clerc. & Bayle.*
(*f*) *Juges c.* 9. *v.* 8. *Rois. l.* 2. *c.* 12. *& l.* 4. *c.* 14. *v.* 9.
(*g*) *Opera & Dies. v.* 200. *& suiv.*
(*h*) *Théon d'Alexand. in Progysm.*

DISCOURS PRELIMINAIRE. vij

gage métaphorique nous étant auffi naturel, que le langage ordinaire, & commun.

Ces fuppofitions font gratuites : nos Fables ont un autre germe. Efope penfoit, & plus qu'un autre ; c'eſt ce qui ne lui eſt pas contefté. Il vivoit dans un fiécle, où le goût des Grecs fe trouvoit déja tout décidé pour la Morale. Rien n'étoit plus célebre alors, que leurs Sept Sages, & que leur maniére de philofopher. Notre Auteur y fit fans doute attention, mais concevant que des exemples feroient pour notre inſtruction beaucoup plus d'impreffion fur nos efprits, que des préceptes fecs, abſtraits & fpeculatifs, il s'appliqua à nous en donner, & à nous en donner d'amufans. Et comme tout exemple fe tire d'evenemens paffez, d'hiſtoires arrivées, il en imagina, il en débita d'un genre fi particulier, qu'elles en furent auffi-tôt nommées maniéres de parler, hiſtoires d'Efope (*a*) nom, qui n'a jamais changé ni chez les Romains ni parmi nous.

Je parle d'après Phedre (*b*) fi bon juge en cette matiere ; qui d'une part reconnoît que nos Fables ne font au fond, que des exemples, & qui de l'autre en fait Efope inventeur auffi formellement, que Prifcien (*c*) & Suidas (*d*) l'ont fait depuis lui. Ces autorités font grandes ; mais je m'arrête encore au nom primitif, & étymologique de nos Fables, puifqu'il fuffit feul pour détruire l'objection, qu'on emprunte de l'endroit d'Héfiode, dont j'ai parlé. Il a un nom dans ce Poëte (*e*)

(a) λόγοι. λογοποιός. *V. Suid. in h. v. Herod. Euſth. Theon. Diog. Lart. Dodwell de œtat. Phalarid.* En latin *Fabula à fori*, mot, que nous avons francifé, & qui eſt le même que λόγος en grec, qui par conféquent n'a jamais changé.

(b) *Prol. de fes* 1 *&* 2 *livres.*
(c) *In Progyfm.*
(d) *In v.* Αἴσωπος.
(e) Αἶνος. *V. Ammon. de differ. Verb. Suid. in h. v. Scalig. Flor. Chrét. fur Ariſtoph. Ptolem. d'Afcalon.*

& c'est ce nom, que les Grecs du temps d'Esope n'ont point donné à ses Fables. Pourquoi ? Parce que ce n'est qu'une simple saillie, sans forme, sans suite historique, & qui n'a rien laissé à raconter, au-lieu que notre Auteur a laissé, pour ainsi dire, une provision d'histoires morales pour la subsistance de tous les siécles.

Est-on bien fondé après tous ces faits à lui contester la gloire de l'invention, & quelques sentimens singuliers tiendront-ils contre l'opinion commune de tous les âges, dont Quintilien convient dans l'endroit même, où il n'est pas favorable à notre Auteur ?

III.

Esope a-t-il écrit ses Fables ?

On a mis en question chez une autre Nation que la nôtre (*a*) si Esope a écrit ses Fables ou non. Il me paroît que dans cette dispute l'affirmative étoit des moins soûtenables. Il est d'abord constant qu'il n'a point écrit sa Fable de l'Aigle & de l'Escarbot, puisqu'il la fit dans le temps qu'on l'entraînoit à la mort. Il faut donc convenir que ses Auditeurs la retinrent, & que leur mémoire en fut le dépôt. Il en est de même de toutes les autres. Bientôt passées en proverbes, puisque suivant Quintilien (*b*) elles en ont la nature, & même la précision, la seule Tradition les transmit de siécle en siécle, comme il paroît par ce qui arriva à Socrate tout à la veille de sa mort : Ce fut d'en mettre en Vers celles, qui revinrent à sa mémoire (*c*) l'usage en étoit si com-

---

(*a*) *Le Chevalier Temple d'une part, & M.rs Woton & Bentley tous Anglois d'autre.* V. *les ouvr. des Sçav. Avril* 1698.
(*b*) *Ubi suprà.*

(*c*) *Plat. in Phæd. Suid. in v. Socrat. Plutarch. de Aud. Poët. Diog. Laert. lib.* 2. 42. *Avien. Grelat.*

mun de son temps qu'Aristophane, qui eut tant de part à cette mort, pour tout reproche d'une ignorance crasse, met à la bouche d'un des Interlocuteurs de l'une de ses piéces (*a*) cette expression proverbiale : Vous ne possédez pas même votre Esope, & ailleurs (*b*) traitant ces Fables de Fables populaires & domestiques, c'est le terme dont il se sert, il fait bien voir qu'on ne les récitoit, que de mémoire. Leur lecture, si Esope les eût écrites, n'auroit pas été si loin, pour nous les conserver, qu'une Tradition aussi générale. Eh ! comment auroit-il été tenté de les écrire ? Les Vers d'Homere n'étoient encore ni écrits, ni recüeillis de son temps (*c*); Les Sept Sages, qui firent tant de bruit dans ce même temps, ne se distinguérent, que par leurs *Dits*, par leurs Sentences. La honte alors tenoit les Auteurs, & les arrêtoit tout court sur l'envie, qu'ils pouvoient avoir d'écrire leurs productions. C'est une remarque de Thémistius (*d*) qui sur nôtre seconde question favorise infiniment la négative. Ainsi l'on peut assûrer que les Collections de nos Fables sont postérieures au temps de Socrate, qui lui même n'écrivit rien ; l'un de ses principes étant que l'Ecriture n'étoit point nécessaire pour débiter des vérités, qui sont du ressort de la parole (*e*). Je parcourrai ici la plus grande partie de ces Collections.

(*a*) *In avib. v.* 471.
(*b*) *In Vesp. v.* 1176.
(*c*) *Elien. l.* 13. *c.* 14. *Cicer.* *de Orat. l.* 3. *Pausan. Liban.*
(*d*) *Orat.* 20.
(*e*) *Plat. in Phæd.*

IV.

Collections des Fables d'Esope.

La plus ancienne étoit celle de Démétrius de Phalere ; mais il n'en reste, que la mémoire (a).

Celle qui de tout temps avoit servi aux Romains, étoit en Grec, & en Vers ; Seneque (b) d'une part conseillant à une personne de la Cour de Claude d'en donner une Version latine, comme un ouvrage, qui seroit tout neuf parmi ceux de leur nation : Et Quintilien (c) d'autre, voulant qu'en faisant lire les Fables de ce recüeil à leurs enfans, on leur fît rompre la mesure des Vers, afin de les mettre en état de redire ces fables naturellement, & d'eux-mêmes.

Ce recüeil ne pourroit-il pas avoir été celui de Babryas Auteur Grec si estimé, dont l'ouvrage cité par l'Empereur Julien (d) partagé en deux livres, & en Vers Iambes (e) traduits en latin du temps d'Ausonne par un Rheteur, qu'il nomme (f) fut mis dans le neuviéme Siecle en quatrains grecs par un Diacre de l'Eglise de Constantinople (g) & ne s'est perdu, que depuis Suidas, qu'on place dans le dixiéme Siecle, (h) cet Auteur nous en ayant conservé plusieurs fragmens, qui se font lire avec un grand plaisir ?

Quoiqu'il en soit, c'étoit le Phedre des Grecs, comme on en peut juger par ces fragmens que Névelet a rassemblés dans la Préface du Corps des Fabulistes, qu'il publia en 1610, & qui est tout ce qu'on peut avoir de

(a) Diog. Laert. V. 80. & 81.
(b) Consol. ad Polyb. c. 27.
(c) De Orat. l. 1. c. 9.
(d) Epist. 59. ad Dyon.
(e) Avien. præfat.
(f) Epist. 16. ad Prob.
(g) Ignace V. Névelet.
(h) Journal de Trévoux, Février 1710.

DISCOURS PRELIMINAIRE.

plus complet en cette matiere. Il contient la vie d'Esope, que Planude, qui a écrit sur plusieurs sujets avant le milieu du quatorziéme Siecle, a mise à la tête de cent quarante-neuf de nos Fables, augmentées de cent quarante-six par le laborieux Compilateur, qui les avoit tirées de cinq manuscrits de la Bibliotheque Palatine, dont Gruter lui avoit laissé prendre communication.

Viennent ensuite celles de ces mêmes Fables, qu'on trouve dans Aphtone Rheteur Grec de la fin du deuxiéme Siecle, ou du commencement du troisiéme; suivent les quatrains grecs du faux Babryas, dont j'ai parlé; après quoi se trouvent tous les Fabulistes, que nous avons en latin : Sçavoir, l'immortel ouvrage de Phedre, & qui périssoit néanmoins sans l'heureuse découverte de Pierre Pithou, dont Névelet se dit neveu (a).

Les 42 Fables d'Esope mises en Vers élégiaques par Aviénus Auteur du 5e Siécle.

Les 60 aussi en Vers de la même sorte d'un Anonyme, qui n'est, pour ainsi dire, que l'Echo très foible de Phedre.

Enfin cette compilation se termine par les 199 Fables d'Abstémius, dont la premiére édition suivant Bayle après Gesner, avoit paru dès 1522. J'aurai occasion d'en parler dans la suite. Je m'arrêterai seulement ici à un endroit de sa Préface, où il nous apprend que Laurent Valle & Ogni Buono de Lunigo, avant lui nous avoir donné quelques unes des Fables d'Esope, qu'ils avoient traduites du grec en latin. Joignant à ce fait celui que Bayle nous apprend au sujet du dernier de ces Traducteurs ; Sçavoir, qu'il avoit étudié le grec à Venise sous Emmanuel Chrysoloras, l'un de ces Illus-

(a) *Notes sur Phedre.*

tres Grecs réfugiez en Europe après la prise de Constantinople par Mahomet II. Il y a tout lieu de croire que c'est à ces Grecs, que les Fables de Planude dûrent le cours, qu'elles eurent par tout. Ce cours a été long, & l'on ne connoissoit point d'autre recüeil que le sien, mais un Sçavant Bénédictin, si distingué dans la République des Lettres (*a*) parle d'une Collection plus ancienne, & il en cite un Manuscrit, conservé à Florence dans l'une des Maisons de son Ordre (*b*) dont il a même tiré une copie. J'ai eû communication de cette copie, & pour toute différence j'ai trouvé que les Fables de ce Manuscrit sont rangées par ordre alphabétique de leurs sujets un peu plus exactement, que celles de Planude, & que quelques unes d'entr'elles sont contées d'un stile un peu plus concis que ces dernieres. A cette différence près, le reste est assez semblable.

Après tout ce n'est d'aucune de ces deux Collections, que nous tenons nos Fables, notre langue n'ayant pas attendu qu'elle fût sortie de l'enfance pour nous les donner, non sur le grec, ni sur le latin, mais sur une version Angloise. C'est de quoi l'on peut se convaincre avec quelque sorte de plaisir par les Vers suivans, qu'on rapporte au temps de Saint Louis (*c*).

> *Au finement de cet écrit,*
> *Qu'en Romans ai tourné & dit,*
> *Me nommerai par remenbrance.*
> *Marie ai nom, si suis de France.*
> *Per l'amour du Comte Guillaume.*

(*a*) D. Bernard de Montfaucon.
(*b*) Palæograph. Græc. & dans son Diar. Ital.

(*c*) Fauchet orig. de la Poës. Franc. M. l'Ab. Massieu. hist. de la même Poës.

Le plus vaillant de ce Royaume
M'entremis de ce livre faire,
Et de l'Anglois en Romans traire.
Hisope l'appelle l'on cil livre,
Qu'on translata, & fit écrire.
De griu en Latin le tourna,
Et li Roi auvert (a) *qui l'ama,*
Le translata puis en Anglois :
Moi je l'ai tourné en François.

Dans le seiziéme Siecle, Faerne, bon humaniste, choisit cent de nos Fables, & les mit en Vers Latins par ordre de Pie IV pour l'instruction de la jeunesse. C'est par cet Auteur, que je clôrai la suite historique de toutes ces Collections; trop de gens s'en étant mêlez depuis lui. Mais enfin quelle est la nation au monde, où nos Fables ayent parû avec la légéreté & les graces du célébre Auteur, qui dans le Siecle passé a fait tant d'honneur à la France ? On conviendra sans peine qu'il n'en est point, & que nous aurions tort de craindre de voir jamais la Fontaine doublé parmi nous, ni ailleurs.

V.

Véritables Fables d'Esope.

Avec tant de recüeils, qui pourroit assigner au juste celles de nos Fables, qui sont veritablement d'Esope ? Il n'en a pas fait un fort grand nombre : Phedre le dit (b) mais la chose une fois trouvée par notre Auteur,

---

(a) *Ne seroit-ce point Alfred, qui à l'exemple de Charlemagne fit fleurir les Sciences en Angleterre, traduisit Boëce, fut Auteur de plusieurs Ecrits, & entr'autres de Sentences des Sages, & de Paraboles, & mourut tout au commencement du X. Siécle ?*

(b) Prol. l. 3 & 5.

il ne pouvoit manquer d'avoir bien des Imitateurs. Combien falloit-il qu'il en eût dès le temps de Platon, puisque ce grand Philosophe (*a*) en faisoit presqu'une affaire d'Etat, & que ne trouvant qu'Esope, qui eût sçû mentir innocemment & en bien (c'est-à-dire feindre) il vouloit qu'en fait de Fables il n'en parut aucune nouvelle sans l'approbation expresse de Censeurs publics.

Il en est cependant, dont on peut assûrer la proprieté à notre Auteur sur l'ancienneté, le poids & l'unanimité des Témoins illustres, qui en déposent. En voici quelques unes de cette espece : Celle du Renard blessé, & des Guêpes rassasiées de son sang, qu'Aristote (*b*) rapporte en entier par forme d'exemple des Fables d'Esope.

Celle des Grenoüilles, qui veulent avoir un Roy, laquelle est certainement de notre Auteur non seulement par ce que Phédre en dit, (*c*) mais par l'evenement qui y donna lieu, arrivé du temps & presque sous les yeux d'Esope, comme je l'ai déja remarqué.

Le Pêcheur obligé de recourir à ses filets pour prendre des poissons, qui s'étoient rendus sourds aux sons de sa flûte ; Fable, qu'Hérodote (*d*) met dans la bouche de Cyrus ; ce qui convient parfaitement au temps, au lieu, aux personnes ; ce Conquérant de la Lydie s'en étant servi contre les Grecs, assez peu de temps depuis la mort de notre Auteur, & dans Sardis, où ce dernier avoit fait le plus d'éclat.

Toutes celles, qui suivent, & citées par Aristophane ; Sçavoir, celle de l'Aigle & de l'Escarbot (*e*) dont j'ai déja parlé, & qui paroît être la source, où ce Poëte

---

(*a*) *In Republ. l.* 2.
(*b*) *Rhet. l.* 2. *c.* 20.
(*c*) *L.* 1. *Fabl.* 2.
(*d*) *L.* 1. *N°* 38.
(*e*) *In Vesp. v.* 1436.

DISCOURS PRELIMINAIRE. xv

Comique a puisé l'idée totale de sa piéce de la Paix: L'Ecrevisse, qui allant à reculons, veut que sa fille marche droit (*a*): Le Hérisson, qu'on ne peut prendre par nul endroit (*b*): L'Aigle & le Renard, dont la societé finit si mal (*c*).

De ce nombre sont encore l'Aigle blessée d'une fléche empennée de ses propres plumes, dont Eschyle a fait usage: (*d*)

Le Renard, qui s'excuse d'entrer dans l'antre du Lion, d'où il ne voyoit rien revenir; Fable que Platon (*e*) donne à Esope nommément, & que Lucile (*f*) & Horace (*g*) ont employée dans la suite, comme Ennius avoit fait avant eux à l'égard de celle de l'Alloüette & de ses petits, dont Aulu-Gelle, qui nous l'a conservée (*h*) fait expressément honneur à notre Auteur.

On auroit peine à lui contester les trois suivantes, dont la premiére est celle de la Montagne en travail appliquée si témérairement autrefois par les Egyptiens à la personne d'Agésilas, qui les en fit bien repentir (*i*).

La seconde est celle du Lion assez fol pour se laisser arracher les ongles & les dents; condition qu'on avoit mise au mariage, qu'il vouloit contracter avec une jeune personne, qu'il n'eut pas; rien n'ayant été plus facile que de s'en défaire, étant ainsi desarmé; Fable si anciennement employée par Eumene, l'un des meilleurs Capitaines d'Alexandre le Grand (*k*).

Enfin celle, que Justin (*l*) fait venir à l'esprit des

(*a*) *In Pace. v.* 1176.
(*b*) *Ibid. v.* 1083.
(*c*) *In Avib. v.* 653.
(*d*) *In Myrmidon.*
(*e*) 1. *Alcib.*
(*f*) *Sat.* 30.
(*g*) *Ep.* 1. *l.* 1. *v.* 73.
(*h*) *C.* 29. *l.* 2.
(*i*) *Plutarq. Vie d'Agesilas.*
(*k*) *Diod. Sicul.*
(*l*) *L.* 43. *c.* 4.

Peuples de nos Côtes, qui dès le temps d'Esope reçurent imprudemment parmi eux les Grecs fondateurs de Marseille. Cette Fable est celle de la Chienne, qui, pour mettre bas, emprunta la loge de l'une de ses voisines, laquelle n'y put plus rentrer dès que les petits de l'emprunteuse se trouverent en état de montrer les dents.

Je pourrois sur ce plan vérifier toutes les autres Fables, qu'on donne à notre Auteur; mais je laisserai à mes Lecteurs, si j'en ai, le soin de le faire, sur le mérite & le nombre de ceux qui les ont contées, me proposant de les indiquer tous, autant que je le pourrai, à la tête de chacune des Fables de mon recüeil.

VI.

Imitateurs d'Esope.

J'ai dit qu'Esope s'étoit fait plusieurs Imitateurs : Il y en a eû de médiocres, mais il y en a eû aussi d'excellens. Stésichore, par exemple, un peu plus jeune que lui, est l'Auteur de la célébre Fable du Cheval, qui se livra lui-même à l'Homme, qu'il avoit employé à le vanger du Cerf, dont il n'étoit pas content (*a*).

On en doit une, qui n'est pas moins bonne au Pogge. C'est celle du Vieillard & de son fils, qui, allant vendre leur âne au Marché, ne purent contenter personne, quelque allûre qu'ils lui fissent prendre (*b*).

Une d'un aussi bon goût, & qu'on dit (*c*) avoir été tirée d'une ancienne Comédie Italienne, est celle de

---

(*a*) *Arist. Rhetoric. l. 2. c. 20. Horat. Epist. 10. l. 1. Phed. l. 1. 3. Plutarq. contre les Usuriers. l'Abbe Massieu, Mém. de l'Acad. des Scienc. T. 1. p. 195. Edit. d'Holl.*

(*b*) *In Facet. derniere de la Compil. de Faërn.*

(*c*) *Despr. Epît. 2. & la Font. Fab. 9. l. 9.*

l'Huitre

DISCOURS PRELIMINAIRE. xvij

l'Huitre & des Plaideurs, si bien contée par Despréaux & la Fontaine.

Tout le monde ne sçait peut-être pas que c'est à Abstémius, qu'on a l'obligation des Fables qui suivent.

Le Rat, qui né dans une huche, où il s'étoit toujours tenu clos, en tomba un jour par hazard, & se trouvant sur un plancher tout couvert de choses excellentes, qui se trouverent à sa discrétion, blâme son humeur casaniere, & convient que les voyages forment bien les gens.

Le Souriceau tenté de faire amitié avec le Chat, séduit par son air tranquille & benin.

Le Fol, qui vend la Sagesse.

Le résultat du Conseil des Rats, dont l'éxécution ne dépendoit, que d'une bagatelle. C'étoit d'attacher le grelot au col du Chat.

Le Liévre, qui appréhendoit qu'on ne prît ses oreilles pour cornes, le Lion ayant été blessé par un animal, qui en portoit.

VII.

Maniere de conter d'Esope.

Qui me demanderoit en cet endroit quelle étoit la maniere de conter d'Esope, je le prierois de trouver bon que je le renvoyasse à l'Apologue, qu'un Homme célebre du siecle dernier, fit à l'occasion, qui suit.

Il s'agissoit de remplir une place vacante dans l'une de nos plus illustres Compagnies (*a*) dont l'entrée de fondation est affectée aux talens de l'esprit.

Une personne un peu moins distinguée par cet endroit, que par d'autres avantages plus dépendans de la

(*a*) *L'Acad. Françoise.*

xviij *DISCOURS PRELIMINAIRE.*

fortune, briguoit cette place (*a*) les Elifans délibéroient à ce fujet. Celui, dont je parle, (*b*) renferma fon avis dans l'Apologue annoncé : le voici.

Meffieurs, un ancien Grec avoit une Lyre admirable. Il s'y rompit une corde. Au lieu d'en mettre une de boyau, il en mit une d'argent, & la Lyre avec fa corde d'argent perdit fon harmonie.

Voilà un Apologue d'interêt, d'action, dans une occafion pratique; & dans de pareilles circonftances on ne court point après l'efprit. On fuit le bon fens & la raifon. On parle le langage d'affaires, langage fimple & concis. C'eft comme je m'imagine qu'Efope a fait & débité fes Fables, qui tenoient lieu de confultations & d'inftructions réelles; c'étoit fa miffion. Quand après lui, répanduës dans le monde, elles fe trouvérent abandonnées aux Narrateurs pour la fpéculation & le plaifir, comme elles font fufceptibles de toute forte d'agrémens, on y en mit; mais ce ne fut jamais le génie des Grecs, qui fe contentoient de dire les chofes fimplement, mais fortement. Ce qui nous refte de Babryas en eft la preuve.

Cette idée, que je me fuis faite du ftile laconique & concis de notre Auteur, fe trouve juftifiée par celle, que deux de nos plus illuftres Ecrivains (*c*) s'en font formée; ce qu'on découvre dans quelques Fables de leur façon, (*d*) où ils ont pris à tâche d'imiter Efope, tout au plus près de fa maniere de conter.

(a) *Contin. de l'Hift. de l'A-cad. Franç.*
(b) *Patru.*
(c) MM. *de Fontenelle & la Bruyere.*
Le 1. *Dial.* 6. *des Morts anc. T.* 1. *& 2. des Morts. mod. T.* 2. *& le* 2. *ch. des Jugem. tout à la fin.*

VIII.

Différence des Fables d'Esope, & des Contes.

Si l'on n'étoit pas accoûtumé à celle, dont Horace fçavoit badiner si finement, on seroit surpris de l'entendre dans un endroit de ses ouvrages (*a*) traiter nos Fables de contes de bonnes femmes ; mais l'usage qu'il en fait tout de suite au même endroit montre assez ce qu'il en pensoit. Qui se tromperoit en effet sur la différence, qui se trouve entre nos Fables, & ce qu'on appelle, Contes d'enfans ? Qu'on en juge, si l'on en veut prendre la peine, sur deux de ces Contes qu'on trouve dans Plutarque (*b*) : les voici de la traduction d'Amiot.

La Lune, un temps fut, pria sa mere de lui faire un petit surcot, qui lui joignît bien au corps. Eh ! comment est-il possible, répondit la mere, que je t'en fisse un, qui te joigne bien, vû que je te vois tantôt pleine, puis en croissant, & une autre fois en décours. C'est le premier de ces contes. Suit le second.

Le Satyre voulut baiser & embrasser le feu la premiere fois qu'il le vit ; mais Prométhéus lui cria : Bouquin, tu pleureras la barbe de ton menton. Car il brûle quand on y touche, mais il baille lumiere & chaleur ; & est un instrument propre à tout artifice, pourvû qu'on en sçache bien user.

On rit sur ces deux exemples, parce qu'en effet leur fin n'étoit que de faire rire, & sur tout les enfans, comme nous l'apprenons de Plutarque, qui les tenoit de sa mere, dans le temps des leçons qu'elle donnoit à son jeune

(*a*) *Sat. 6. l. 2.*
(*b*) *Banq. des Sept-Sages, &* dans son *Traité de la man. dont on peut se servir de ses ennem.*

frere. Nos Fables sont autre chose. Leur gayeté est d'une nuance toute différente. Elles rient au bon sens, & visent aux Hommes faits suivant l'intention de leur Inventeur.

IX.

Locman & Esope sont-ils deux Auteurs differents ?

Je manquerois à satisfaire à tout ce que mon sujet comporte, si je laissois à part une derniere question; Sçavoir, si l'Esope des Grecs est le Locman des Orientaux. Mais quelle difficulté peut-il y avoir à cet égard? Les Orientaux avec Cyrus ont connu notre Auteur dès les premiers temps. Depuis ce Conquérant les Grecs se sont toujours trouvés mêlés avec les Perses, les Egyptiens, & les Libyens. Sous Alexandre le Grand la communication se trouva beaucoup plus grande entre tous ces peuples, puisque l'Orient entier devint presque tout Grec pour les loix, les mœurs & les connoissances; (*a*) ce qui subsista sous les Rois de Syrie & d'Egypte ses successeurs, & même long-temps après eux, puisque du temps de Mahomet rien n'étoit encore plus célebre que l'Ecole Grecque d'Alexandrie. Or, quand cet Imposteur voulut faire le Prophete & l'Auteur, (*b*) il fit entrer dans son livre absurde le peu de notions confuses, qu'il avoit prises de ce qui avoit appartenu aux Grecs. Il y parle donc d'Alexandre le Grand sous le nom de Dulkernain (*c*) nom idéal & de fantaisie. De même il y parle d'Esope sous le nom de Locman, qui signifie Glouton, apparemment sur le mauvais trait de la vie

---

(*a*) *Pline l. 5. c. 2. parle d'un Traité des pierres précieuses, qu'un Roy des Arabes avoit écrit en grec, & adressé à Néron.*

(*b*) *Dans notre sixiéme Siécle.*
(*c*) *C'est-à-dire* bicornis *comme ayant subjugué & l'Asie & l'Europe. v. Hostinger. Hist. Orient.*

d'Esope au sujet des figues de son Maître, qu'on l'accusoit d'avoir mangées; ridiculité qui pouvoit avoir cours dès le temps de Mahomet, & que Planude assez mauvais critique a employée dans ce qu'il nous a donné de cette vie. Quoiqu'il en soit, un Chapitre entier de l'Alcoran portant le nom de Locman, qu'il donne pour le Sage par excellence : & l'Apologue étant l'appanage du Sage, tous les Sectateurs de ce livre extravagant n'ont pas manqué de faire présent de nos Fables à leur prétendu Sage. Quoiqu'environnés d'Auteurs Orientaux, qui, continuant d'écrire en Grec, tels que Théophylacte Egyptien, Olympiodore diacre d'Alexandrie, Saint Maxime, Saint Jean de Damas, Antoine Mélissa son disciple, parlent tous d'Esope en rapportant chacun quelqu'une de ses Fables. Les Plagiaires, sans plus de façon, les traduisirent en leur langue, & l'on trouve dans leur recuëil, suivant la version qu'en a faite Erpennius jusqu'à la Fable de l'antre du Lion, que Platon donne si formellement à notre Auteur. On ne peut donc douter qu'il ne soit aussi l'Auteur des Peuples du Levant, qui dans les Vies (*a*) qu'ils ont voulu faire de leur Locman, font voir qu'ils n'en ont jamais rien sçû. Embarrassés de trouver un siecle, où ils pussent le placer, il est des Auteurs de ces vies, qui, pour se mettre au large, donnent au cours de sa vie l'espace de mille ans. Deux d'entr'eux, un peu plus instruits que les autres, font ce Locman contemporain l'un (*b*) de Josias vers la troisiéme année de l'Olympiade quarante-sixiéme à à l'autre, (*c*) de Cosroës Roy de Perse du temps de Py-

---

(a) *Vahab. Thaalobi. la Saddi. Hist. Orient.*
V. d'Herbelot. Hist. Orient.
(b) *El. Macin. v. Hottinger.*
(c) *L'Auteur du Lebtarich. V. d'Herbelot* ibid.

thagore : Et dès-là Esope se trouve restitué aux Grecs par les Musulmans eux mêmes, puisque d'une part il vivoit certainement dans la quarante-sixiéme Olympiade, & que d'autre part, Cyrus qu'ils nomment Cosroës, est du même siecle, qu'Esope & Pythagore, à quelque différence d'âge près.

X.

Occasion, plan, & dessein du présent recüeil.

Il ne me reste qu'à rendre compte de l'occasion & du Plan du présent recüeil. La premiére édition manquoit. On songeoit à en donner une seconde, & pour la renouveller, je fus sollicité d'en mettre les sens moraux en distiques pour l'usage de la Jeunesse. Je résistai d'abord, ne croyant pas qu'il fût facile de mettre beaucoup de sens en deux Vers. J'y rêvai cependant, & j'en vins à bout. La chose faite, il me parut que les Vers pouvoient valoir une autre prose. Me voyant presque Auteur, & pour ne l'être pas à demi, l'idée de ma dissertation me vint, m'étant toujours imaginé qu'on pouvoit donner sur nos Fables un peu plus d'éclaircissement, qu'on n'avoit fait jusqu'aprésent. Je me jettai donc dans la recherche.

L'Histoire naturelle étant l'une des choses, qui font le plus de plaisir, sur tout à l'égard des animaux étrangers, & qui valent la description, j'ai cru que la courte revûë que j'ai faite de leurs proprietés sur le témoignage des Naturalistes, & des Voyageurs les plus sûrs, pourroit trouver sa place à la fin de nos Fables, pour en donner aux enfans une légére connoissance puisque ces animaux en sont les Interlocuteurs.

DISCOURS PRELIMINAIRE. xxiij

Viendront enfuite quelques exemples de Fables Phéniciennes, Sybaritiques, Libyennes & autres de cette efpéce, qu'il ne faut pas confondre avec les nôtres, quoiqu'il ne foit pas aifé d'établir leur aîneffe les unes fur les autres.

Des fentences, des maximes, des traits des meilleurs Auteurs, & fur tout des Anciens, rempliront le vuide de quelques unes de mes pages. On ne hait pas aujourd'hui les citations. Les miennes pourront avancer le goût des jeunes gens, qui tôt ou tard doivent fe faire cette forte de fond, dont l'ufage revient fouvent dans tous les états de la vie. J'ai le bonheur en cela de me rencontrer avec Plutarque, qui dit encore par la bouche d'Amyot (a), *qu'accommoder les paffages des Poëtes aux préceptes & Arrêts des Philofophes, tire la Poëfie hors des Fables, lui ôte le mafque, & donne l'efficace de perfuader, & profiter à bon efcient aux fentences utilement dites : Et davantage ouvre l'efprit d'un jeune Garçon, & l'encline aux difcours & raifons de la Philofophie, en ayant déja quelque goût, & oüi déja parler.*

Si cette partie de mon ouvrage pouvoit produire cet effet, je me tiendrois fûr de l'indulgence du Public pour tout ce qu'il renferme de moins utile.

(a) *De Aud. Poët.*

LES
FABLES
D'ESOPE

FABLE I.

LES FABLES D'ESOPE.

FABLE I.

Horat. Ep. 3. l. 1. Phed. 3. l. 1. Nével. supplém. 32. employée par Lucien, Théophyl. & Nicéph.

LE GEAY REVESTU DES PLUMES DU PAON.

H ! c'est la Fable du Geay (dit le premier Enfant à la seule inspection de cette Fable, tant elle est connuë ;) si vous le souhaitez, je vous la dirai comme on me l'a apprise.... Dites.

Avec le mérite le plus mince, un Geay vain à l'excès, voulant se donner du relief, ramasse furtivement tout autant de plumes de Paons, qu'il peut : trouve le secret de s'en couvrir ; se jette au milieu d'eux, & brille quel-

LES FABLES D'ESOPE.

que tems par ce plumage poſtiche. Mais bientôt reconnu, il eſt becqueté, honni, hué, & mis tout nud à la porte.

SENS MORAL,

On rit de l'apologue.... on n'en profite guéres:
Que d'eſprits, de beautés, de vertus plagiaires!

Voyez Bayle, dans ſon Dictionn. contre les Plagiaires, Note *h* art. de Duaren.

Sed videt hunc omnis domus, & vicinia tota
Introrſum turpem, ſpecioſum pelle decorâ. Hor. Ep. 16. l. 1.

LES FABLES D'ESOPE.

FABLE II.

34. d'Apht. 22. d'Avien. 169. de Babr. 174. de Nével. 7. du prétendu Locm.

L'HOMME ET LE LION.

L'OCCASION de l'un de ces Monumens antiques, qui représentent Hercule sa Massuë à la main, terrassant un Lion; la dispute s'étoit mûë entre un Homme & un Lion de sa connoissance; touchant la supériorité des Hommes sur les Animaux; & Dieu sçait comme nos avantages furent relevés! comme nous nous dîmes les maîtres & les souverains de toutes les autres espéces! qu'elles avoient toutes été faites pour notre usage; les unes pour notre commodité, les autres pour notre plaisir. On en vint aux exemples. On allégua les Bêtes de somme & de labour; celles qu'on dresse à la chasse & qu'on instruisoit autrefois pour les combats: les plus fiers même que l'on dompte par force, ou qu'on apprivoise par adresse pour les mener aux Cirques, aux Foires..... Le dépit du Lion n'y pouvant plus tenir, il se contente, pour toute réponse, de se jetter sur l'Homme, & le déchirer à belles dents par forme de syllogismes (a).

SENS MORAL,

De tous les Animaux, l'Homme est Roi. Qui le nie?
Avec ce Lion-ci, tous ceux de la Lybie.

Sur cette question, voyez Lucret. l. 5. Bochard, Hieroz. l. 3. c. 4. Montaigne, Essais, c. 12. l. 2. Bayle, Pens. Div. tit. 1. §. 60.

(a) *Ludus enim genuit trepidum certamen, & iram:*
    Ira truces inimicitias, & funebre bellum. Horat. Ep. 19. l. 1.

LES FABLES D'ESOPE.

FABLE III.

Auteur inconnu.

L'ASNE ET LE CHEVAL.

N Cheval beau, fringant, doré des pieds jusqu'à la tête, avoit donné dans la vûë d'un pauvre Asne, qui ne s'occupoit en lui-même que du bonheur du coursier..... L'idée lui en revenoit sans cesse. A quelque tems delà il retrouve le même Cheval fourbu, décharné, & tirant la charette. Voici bien du changement, dit l'Asne en voyant cet objet; & c'est ainsi que les biens de la fortune sont du-

rables! Oh! je conçois à présent que je ne ferai pas mal de m'en tenir à ceux de l'esprit.

SENS MORAL,

Personne n'est heureux avant son dernier jour;
Nous brillons quelquefois, mais gare le retour.

Mot de Solon à Crœsus, l. 1. suiv. Plutarq. Vie de Solon. Sophoc. tout à la fin de son Oedipe.

Ultima semper
Expectanda dies homini, dicique beatus
Ante obitum nemo, supremaque funera debet. Ovid. Métam. l. 3.

LES FABLES D'ESOPE. 7

FABLE IV.

La septiéme de Phed. l. 4. La quatriéme de Plan. & du MSS. de Florence, 9. de Locm. 20. de Foer. l. 1.

LE BOUC ET LE RENARD.

LE Bouc & le Renard avoient soif. S'offre un puits à leurs yeux. Ils sautent au fond, & y boivent tout à leur aise. La soif passée, quand il fut question d'en sortir, grand embarras de la part de nos deux animaux; car le mur étoit droit, le bord assez haut, & ils ne pouvoient y atteindre. Que faire? Le Renard, à force d'y rêver, trouve le dénoüement, & se tournant vers l'autre: Compere, lui dit-il, voici un expédient pour nous tirer d'ici; mais il n'y a point à balancer : c'eſt l'unique. Il faut, te dreſſant ſur tes deux pattes de devant, lever la tête tout le plus haut que tu pourras, & moi, grimpant le long de ton échine, je me leverai ſur tes cornes, d'où j'atendrai le bord, & zeſte me voilà hors d'ici, & en état de t'en tirer toi-même. Le Bouc trouve la choſe admirable, fait tout ce qu'on lui dit : voilà le Renard hors d'intrigue. Là, c'eſt-à-dire d'enhaut & du bord du puits, il vous fait un beau petit ſermon à ſon camarade ſur l'obligation de modérer ſes appétits, ſur ſon peu de jugement, ſur la patience ; plaiſanteries malignes, & aſſez mal placées. Mais qu'il faut de vertu pour s'en abſtenir dans le ſuccès, & lorſqu'on ſe croit plus d'eſprit qu'aux autres, comme vous le ſçavez !

SENS MORAL,

La prudence (vertu ſi rarement des nôtres)
Nous fait ſortir du puits, mais ſans railler les autres.

FABLE V.

LES FABLES D'ESOPE.

FABLE V.

Quarante-troisiéme du MSS. de Florence. Vingt-cinquiéme de Planud. Premiere du l. 3. de Faern. Modéle de la dixiéme d'Abstem.

LE LABOUREUR ET SES CHIENS.

PENDANT une assez longue famine, un Laboureur, après avoir dépeuplé le Colombier, passe à la Bassecour. La Bassecour expédiée, il égorge les Moutons, il assomme les Vaches. N'ayant plus rien à manger, il tuë jusqu'aux Bœufs, qui lui servoient à labourer. Les Chiens de la Ferme faisant leurs réflexions là dessus, chacun d'eux, sans plus de délibération, prend ses jambes à son col, s'enfuit, & court encore.

SENS MORAL,

Ces Chiens se supposoient être bons à'manger ;
Mais il est toujours bon d'éviter le danger.

Bos laboriosissimus homini socius in agriculturâ, cujus tanta fuit apud antiquos veneratio, ut tam capitale esset bovem necasse, quam civem. Columel. de re Rustic. l. 6. c. 1.

Nemo celerius opprimitur, quam qui nil timet, & frequentissimum initium est calamitatis securitas. Vell. Paterc. l. 2.

LES FABLES D'ESOPE. 11

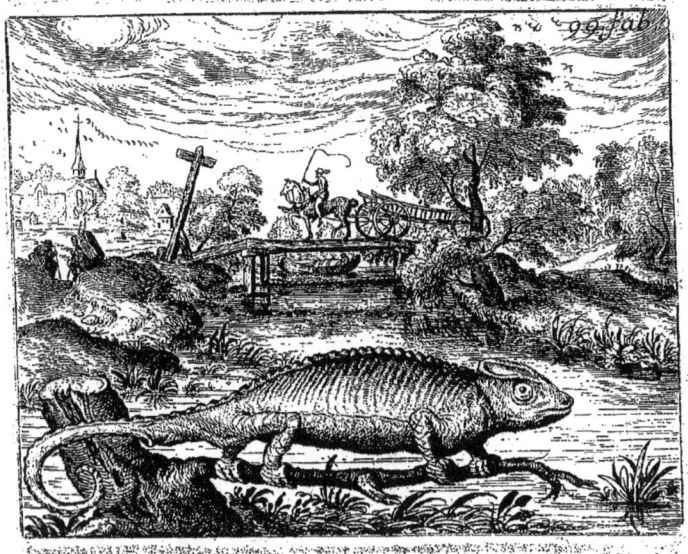

FABLE VI.

C'est moins une Fable, qu'un symbole ; mais la planche en étant gravée depuis long-tems, il a fallu en faire usage.

LE CAMELEON.

Des gens passoient, & voyant un Caméléon : Tenez, dit l'un aux autres, vous voyez bien cet Animal, vraye image du Parasite. Allez vous promener, leur dit l'Animal offensé, avec votre image. Je ne vais piquer la table de personne, & je sçais me renfermer chez moi. Au surplus, si ma peau diaphane prend la couleur que je veux, je ne le fais pour plaire ni déplaire à qui que

B ij

ce soit, & je ne prétend tromper personne ; ainsi, Messieurs, trêve de similitude. Laissez le monde comme il est, & passez votre chemin.

SENS MORAL,

Toujours chez les humains (soit dit sans nul reproche)
Soit en mal, soit en bien la comparaison cloche.

LES FABLES D'ESOPE. 13

FABLE VII.

Contée par Babryas, suiv. Suid. in v. Νηπωδίην D'Avien. 2. Du Msl. 194. De Planud. 61. D'Abstem. 108. Erasm. 985. de ses Prov.

LA TORTUE EN L'AIR.

A Tortuë, avec la disposition qu'on lui sçait à s'élever de terre, fut un jour tentée de voler, pour reconnoître de plus près ce qui se passe au-dessus de nous. Son goût depuis un tems se tournoit du côté de la spéculation..... Elle étoit voisine de l'Observatoire. Dans ce dessein elle s'adresse à l'Aigle : c'étoit assez bien s'adresser. Elle lui fait part de son envie. L'Aigle en rit d'abord ; mais

se laissant persuader, voilà notre Tortuë qu'elle prend entre ses serres, portée en un instant jusqu'au dessus des nuës. Notre casanniere se trouvant dans un éloignement si prodigieux de nous, que nos plus grosses Cités lui paroissoient comme fourmillieres (*a*), la peur la saisit: son sang se glace. Elle se recommande de tout son cœur aux Dieux, & leur promet, si elle en réchappe, de n'y retourner de ses jours. L'Aigle cependant s'élevoit encore plus, & les transes de la Tortuë redoubloient avec ses prieres. C'est l'état où elle se trouvoit, & où elle a été laissée par tous ceux qui en ont parlé. Je suis bien fâché, pour moi, de ne pouvoir pas l'en tirer.

SENS MORAL.

Oh! si je puis, dit-on, sortir de cette affaire.....
Réponse : Qu'alliez-vous faire en cette Galere * ?

(*a*) V. l'Icaromen. de Lucien, & le Chap. 41. de D. Quich.

* Mol. Fourber. de Scapin.

LES FABLES D'ESOPE.

FABLE VIII.

D'Esope, suivant Aristoph. dans sa Piece de la Paix, v. 1176. Employée par S. Basile de Néocesarée.

LA VIEILLE ECREVISSE ET SA FILLE.

OMME vous marchez! disoit une vieille Ecrevisse, qui alloit à reculons, à sa fille qui alloit de même: Voulez-vous bien marcher droit, ma fille? Ma mere, répondoit la jeune Ecrevisse (un peu entre ses dents à la vérité) montrez-moi l'exemple, & je tâcherai de le suivre.

16 LES FABLES D'ESOPE.
SENS MORAL,

Dites, je contredirai;
Mais faites, & je ferai.

Decipit exemplar vitiis imitabile. Hor. Ep. 19. l. 1.
Nec ad rationem, sed ad similitudinem vivimus. Senec. de Vit. beat. c. 1. & 2.
Scilicet expectas ut tradat mater honestos,
Aut alios mores, quàm quos habet? Juven. Sat. 16.
Et sequitur leviter filia matris iter.

FABLE IX.

LES FABLES D'ESOPE. 17

FABLE IX.
Auteur inconnu.

LE PAYSAN ET LES SOURIS.

UN Payſan, *après boire*, mit le feu à ſa maiſon. La choſe lui parut *drole* d'abord; mais la flâme en replis ondoyans gagnant tout l'édifice, cela l'engagea à faire quelques réflexions. Il s'aſſit donc, & les deux bras croiſés, voyant en pitié ſon dommage, deux Souris en ſautant, ſortent pour échapper à l'embraſement. Notre homme à cette vûë entrant tout à coup en furie: Oh! oh! dit-

18   LES FABLES D'ESOPE.

il en les suivant, bêtail sans reconnoissance, tant que vous avez trouvé de quoi ronger dans cette maison, vous ne m'avez pas quitté; & maintenant que j'ai tout perdu, vous me fausserez compagnie (*a*)! Non fera, dit-il; & en achevant ces mots, il les atrappe toutes deux, & les jette pardessus le toit tout au milieu des flâmes.

SENS MORAL,

Ce seroit bien le jeu, que tant d'écornifleurs,
Quand rien ne nous rit plus, eussent part à nos pleurs.

(*a*) *Est amicus mensæ, & non remanebit in die necessitatis.* Eccl. 6.

Qui causâ utilitatis assumptus est, tamdiù placebit, quamdiù utilis fuerit. Hâc re florentes amicorum turba circum sedet, circa eversos ingens solitudo est. Senec. Ep. 90.

Amicitia stabilium felicitas temperantium. Erasm. Prov. 280. Chil. 2.

Donec eris felix, multos numerabis amicos ;
Tempora si fuerint nubila, solus eris, Ovid.

LES FABLES D'ESOPE.

FABLE X.

La 7. du Mſſ. de Flor. 5. de Planud. 16. du 1. l. de Faern.

LE RENARD ET LE LION.

A premiere fois que le Renard vit le Lion, il en eut ſi grand'peur, qu'il prit la fuite à toutes jambes. La ſeconde fois il oſa s'arrêter de loin, & vous le regarder en face. A la troiſiéme, il ne ſe fit point une affaire de l'aborder, lier converſation avec lui; & en faire préciſément le cas qu'il méritoit, & rien davantage.

SENS MORAL,

Gens terribles, gens importans,
On vous connoît avec le tems.

20   LES FABLES D'ESOPE.

FABLE XI.

Revient à celle de la Poule & du Chat, qui eft d'Ef. & contée par Babr. qu. gr. 14. du Mff. 6. de Névelet. 33. de Loem. (a) Rabel. l. 4. c. 18. 19. & 20.

LA TRUYE ET LE CHEVAL.

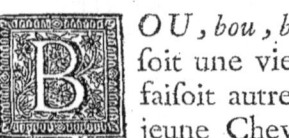OU, *bou, bou* (a). Hé! le pauvre enfant, difoit une vieille Truye en pleurant, comme faifoit autrefois *Panurge le veau*, à un beau jeune Cheval, qui alloit faire fa premiere campagne en Allemagne ou en Italie. Hé! le pauvre enfant, le pauvre enfant! Quel dommage à cet âge d'aller à la boucherie! Ma bonne, répondoit le Courfier

d'une voix douce & fiere: Je vous suis fort obligé de l'intérêt que vous voulez bien prendre à ce qui me regarde; mais je cours où l'honneur m'attend, & où la gloire m'appelle. Pour vous, vous pouvez rester ici en repos, & vous y veautrer tout à votre aise: c'est votre sort, le mien est différent, adieu. En disant ces mots, il lui fait un signe de tête gracieux, & la quitte. La Truye le laisse partir, ouvre de grands yeux, & ne comprend rien à tous ces grands mots de devoir, de gloire & d'honneur (*b*).

SENS MORAL.

Chez le bon Troupeau d'Epicure
L'honneur est le Roman: le vrai c'est la Nature.

(*b*) *Virtutem verba putas.* Horat. Ep. 6, l. 1.

22 LES FABLES D'ESOPE.

FABLE XII.

Contée par Babr. V. Suid. in-vocib. ἀλς & λάγος 6. de l'Anon. 110. du Mss. 38. de Planud. 3. 1. 5. de Faern. Modéle de la 187 d'Abstém.

(a) *Societas leonina*. Brocard de Droit, qui se trouve l. 29. §. 2. ff. *pro soc.* comme pris de cette Fable.

(a) LA SOCIETÉ LEONINE.

A Brebis, la Vache & le Lion s'associerent un jour ensemble. Tout ce qu'ils prendroient à la chasse devoit être commun; c'étoit la convention expresse. Un Cerf fut pris, qu'il fut question de partager. Aussitôt le Lion, qui vouloit que tout se passât dans l'ordre, fit trois parts, & prenant la premiere: Voici, dit-il, pour

LES FABLES D'ESOPE.

moi à cause de mon rang : vous ne me le disputez pas ? Cette deuxiéme portion, je la garde parce que j'ai eu plus de part à la prise que personne. Pour la troisiéme, *corbleu*, si quelqu'un me la conteste, je l'étranglerai à l'instant. Je ne sçais si je me fais entendre.

SENS MORAL,

Avec plus grand que soi tout pacte est dangereux :
Les Grands ne sont bons que pour eux.

Cui plus licet, quàm par est, plus vult quàm licet. Pub. Syr. Mim.

LES FABLES D'ESOPE.

24

FABLE XIII.

D'Esope, suivant Suid. in v. Στυφλισμίυς 6. de Phed. l. 2. 16. du Suppl. de Nével.

L'AIGLE ET LA CORNEILLE.

L'AIGLE sur peu de chose étoit un jour en peine;
Mais il n'est pas décent que les Grands sçachent tout.....
 Pour dire la chose en Prose (je crois qu'après la Fontaine le Public me le permettra volontiers, ce qu'il auroit fait sans doute à l'égard de quelques autres beaucoup plus habiles que moi.) L'Aigle, dis-je, pour sortir

LES FABLES D'ESOPE.

tir de la parenthèse, avoit fait rencontre d'une Huître, qui s'étant fortement resserrée dans ses écailles, ne faisoit qu'irriter l'appétit du Roi des Oiseaux, sans qu'il pût trouver dans sa tête le moyen de se satisfaire. La Corneille près delà voyoit son embarras, & après s'en être donné quelque tems le plaisir : Si votre Hautesse, lui crie-t-elle, veut venir à bout de son dessein, il en est un beau moyen & bien court ; c'est de s'élever en l'air tout aussi haut qu'elle sçait le faire, & de laisser tomber cet Animal tenace sur la pointe d'un caillou que voici : il faut qu'il s'ouvre en deux, il n'y a écaille qui tienne. L'Aigle suit bonnement le conseil, vole en l'air, perce la nuë ; d'où il laisse tomber l'Huître, dont les écailles se brisent. La Corneille se jette dessus, vous l'avale & se sauve.

SENS MORAL,

Conseils intéressés, tant que l'on vous suivra,
Le fourbe qui vous donne, à notre dam rira.

26 LES FABLES D'ESOPE.

FABLE XIV.

12. de Phed. l. 3. 1. de l'Anon.

LE COQ ET LE DIAMANT.

UN Coq, gratant dans un fumier, y trouva un Diamant. Frappé de son éclat, mais secoüant la tête : Quel dommage, s'écria-t-il, que tu ne sois pas tombé en d'autres mains ; & quelle fortune pour tout homme qui se trouveroit à ma place ! Mais pour moi, ajouta-t-il, pour moi, tu ne vaux pas un seul grain d'orge.

SENS MORAL,

Sans trop approfondir les effets ou les causes,
Le besoin seulement donne le prix aux choses.

Quod non opus est, asse carum est. Dist. de Caton. V. Seneq. Ep. 93.

Quàm multis rebus non egeo ! Mot de Socrate à la vûë de tout ce que le luxe fait éclater aux Foires, & dont il sçavoit se passer.

V. Erasm. Apopht. p. 168.

28   LES FABLES D'ESOPE.

FABLE XV.

22. de Phed. l. 1. 84. du Mss. 84. du Supplem. de Nével. 32. d'Avien. 36. de Faern. l. 2. Modéle de la 94. d'Abstem.

LA MOUCHE ET LES FOURMIS.

AH ! bon Dieu, mes cheres, (disoit d'un ton précieux une jeune étourdie de Mouche à une troupe de Fourmis, qui, sages & prévoyantes, s'occupoient sans relâche du soin de ramasser leurs petites provisions) bon Dieu ! que cela est bourgeois de s'amuser ainsi à travailler soi-même ! Moi, faire comme vous ! oh ! non. Je ne prétend pas qu'il soit jamais dit que Mouche de mon air ait jamais fait œuvre de ses dix doigts. A tout cela, & à mille autres extravagances, les Fourmis se contentoient de rire, avançant toujours leur besogne. Mais à la fin, lassées de tant d'impertinences, & s'écriant toutes à la fois : Pauvre sotte, dirent-elles, encore deux mois au plus ; & nous verrons l'indigence & la nécessité rabattre bien tristement ce caquet importun, qu'un peu de beau tems réveille.

SENS MORAL,

O ! vice, dont ici tant de cœurs sont atteints ;
Combien d'honnêtes gens dans ce portrait sont peints !

Vade ad formicam, ô piger ! & considera vias ejus, & disce sapientiam. Prov. c. 6. v. 6.

Aliquando viri frigusque, famemque
Formicâ tandem quidam expavêre magistrâ. Juv. Sat. 6.

Parvula nam exemplo est magni formica laboris. Hor. Sat. 1. l. 1.

V. Despr. Sat. 8.

LES FABLES D'ESOPE.

FABLE XVI.
Auteur inconnu.

LE COQ D'INDE ET LES COQS ORDINAIRES.

UN Coq d'Inde venoit de débarquer. Voilà tout aussitôt les Coqs du Pays en campagne. On le montre au doigt. On l'entoure. On ne lui passe rien sur sa maniere de s'habiller; sur son rengorgement, sur sa gonille rouge. On lui rit tout haut au nez, & le pauvre animal ne sçait où se sauver, tant la foule de ces badauts est grande !

SENS MORAL,

C'est ainsi, que hors nous, ne trouvant rien de bon, Tout étranger nous semble Iroquois ou Lapon.

LES FABLES D'ESOPE.

FABLE XVII

82. du Mſſ. 140. de Névél. 29. du prétendu Locman.

LE CHIEN ET LE FORGERON.

ANDIS qu'un pauvre Forgeron ſe levant dès la pointe du jour, & ſe couchant fort tard, fait ſon métier durement & ſans relâche ; ſon Chien couché ſous quelqu'établi, & dormant preſque tout le jour, s'il s'éveille quelquefois, ce n'eſt que pour *rognoner* & ſe plaindre. Il avoit bien affaire de ſe donner à un tel Maître, gueux, miſérable, & qui ſe tuoit à rien faire, avec cent autres

impertinences semblables. A la fin notre vieux Vulcain se lassant, il vous prend un bâton, tombe sur le discoureur, & le met à la porte.

SENS MORAL,

Discourir, & ne faire rien,
Tout fainéant le fait fort bien.

FABLE XVIII.

FABLE XVIII.

17. de Phed. l. 1.

LA BREBIS CONDAMNÉE ENVERS LE CHIEN.

MESSIEURS, dans la Cause appellée, je parle pour très-douce & pacifique personne, Damoiselle Bénigne, cent milliéme & beaucoup plus du nom, Brebis de profession; défenderesse. Contre Maître Bruitomar, franc & véritable mâtin; demandeur..... C'est ainsi que du moins auroient été posées les qualités d'un Cause pendante pardevant le Loup entre ces deux Parties, s'il y avoit eu sûreté à défendre l'innocente Brebis dans un pareil Tribunal. Il s'agissoit d'un pain que le Chien soutenoit lui avoir prêté dans ses besoins, & qu'il demandoit avec la derniere impudence. Deux Vautours *Normans*, qu'on avoit oüis par forme d'Enquête, déposoient du fait, & bien au-delà. Sentence en conséquence, qui condamne la Brebis à payer le contenu en la demande, avec intérêts & dépens; ce que la Brebis exécuta sans déplacer, & fit fort bien.

SENS MORAL,

Foible & malheureuse innocence,
Qui t'ose protéger contre la violence ?

LES FABLES D'ESOPE.

FABLE XIX.

7. de Phed. 34. de l'Anon. 11. tant du Mſſ. que de Planud. 9. de Faern. l. 1.

LE LOUP ET LE BUSTE.

UN Loup (d'autres diſent un Renard, & voilà comme on ne s'accorde pas ſur les faits les plus graves;) un Loup, quoiqu'il en ſoit, entré par hazard dans l'Attelier d'un Sculpteur, y trouva l'une de ces Têtes admirables, que l'Art fait auſſi belles qu'il lui plaît. Il en fut d'abord frappé. Il ſe ſentit pour elle tout le reſpect poſſible; mais après cela l'ayant tournée & retournée

E ij

de tous côtés, sans qu'elle donnât aucun signe de vie ; voilà assurément, dit-il, une très-belle Tête ; c'est dommage qu'elle soit sans cervelle.

SENS MORAL.

De beaux, & de blondins chaque Pays foisonne ;
Mais la plus belle Tête est rarement la bonne.

FABLE XX.

D'Esope, suivant Aristoph. *in Vesp. v.* 1086.

LE LOUP ET LE HERISSON.

EH! quoi (disoit un fripon de Loup à un Hérisson sur qui il auroit bien voulu mettre la dent; ce qu'il ne pouvoit faire, parce que dès que l'autre l'avoit apperçû, il s'étoit armé de tous ses traits, & par ce moyen s'étoit mis hors d'insulte;) eh! quoi? vit-on ainsi avec ses amis? Vous voilà comme en tems de guerre, armé de pied en cap: à quoi bon tout cet appareil? A pas grand chose, répondoit doucement le Hériſſon, mais chacun a ſa maniere; & j'ai bien l'air de ne me pas défaire ſitôt de celle-ci. Bon jour donc, ſerviteur.

SENS MORAL,

N'ayons point l'humeur offenſive,
Mais ſçachons à propos être ſur le qui vive.

Ars varia Vulpi, ars una Echino maxima; Prov. ancien qu'on trouve dans Plutarq.

39

FABLE XX.
35. d'Avien. 182. du Mſſ. 122. de Nével.

LE SINGE ET SES PETITS.

UN Singe, entr'autres petits, en avoit un auquel il souffroit tout..... Il en étoit idolâtre. Arrive que ce fils gâté, en faisant à l'ordinaire toutes ses volontés, se laisse tomber du haut d'un arbre en bas, & se casse une jambe. Le pere, outré de douleur, accourt, le prend entre ses pattes, l'embrasse si tendrement qu'il l'étouffe à la place.

SENS MORAL,
Avis très-salutaire aux peres imprudens,
Dont la tendresse aveugle étouffe leurs enfans !

40 LES FABLES D'ESOPE.

FABLE XXII.

53. de l'Anon.

LE BUCHERON ET LA FOREST.

 N Bûcheron avoit perdu le manche de sa coignée : quelle perte pour lui ! Il court à la Forêt prochaine, lui conte son accident, la prie de vouloir bien lui laisser prendre un morceau de bois, lui en montre la longueur (c'étoit la plus petite chose du monde pour elle.) Prend, lui dit-elle sottement, & sans songer aux suites ; qui furent telles, que, lorsqu'il eut ce qu'il souhaitoit, il ren-
manche

manche sa coignée, l'essaye sur un arbre, l'abat : passe à un autre, à qui il en fait autant ; puis à un troisiéme, & fait tant par ses journées, qu'il met enfin une partie considérable de l'imprudente Forêt à bas.

SENS MORAL;

O ! deux & trois fois sot (je pourrois dire quatre)
Qui lui-même fournit des verges pour le battre.

Ex ipso bove lora sumere. Prov. Gr. & le 176. d'Erasm. Chil. 1.
Nostris ipsorum alis capimur. Ibid. Prov. 152.

42 LES FABLES D'ESOPE.

FABLE XXIII.

24. de l'Anon. eſt la même choſe que la Fable de la Poule & du Renard d'Eſope, contée par Plutarq. dans ſon Traité de l'Amit. Fratern.

LA TRUYE EN TRAVAIL, ET LE LOUP.

MADAME, diſoit un Loup à une Truye en travail, n'en faites point de façon. J'accouche à ravir, & Moriceau..... Très-obligée, répondoit la Truye, qui voyoit où tel ſoin alloit pour ſa progéniture : Très-obligée ; mais je ſuis encore un peu honteuſe, & le meilleur ſervice que vous puiſſiez me rendre en cette occaſion, c'eſt de

LES FABLES D'ESOPE.

vous éloigner de moi, tout le plus vîte & le plus loin que vous pourrez ; sinon je vais faire beau bruit..... Vous hésités ! A moi, Lardion. A moi, Offélicus. A moi, Marcus Grunnius Corocotta (*a*). A ces noms le Loup se croit perdu, & s'enfuit ; s'imaginant avoir après lui tous les Sbarigels du monde.

SENS MORAL,

Pour les méchans toujours grande reconnoissance ;
Mais cherchons avec soin l'honneur de leur absence.

(*a*) Noms pris du Testament du Cochon Corocotta, rapporté par le P. le Vavasseur, dans son Traité de Ladicr. Diction.

44   LES FABLES D'ESOPE.

FABLE XXIV.

Horat. Sat. 3. l. 2. v. 314. Phed. l. 1. 24. 41. de l'Anon. employée par Athénée.

LA GRENOUILLE ET LE BOEUF.

 NE Grenoüille ayant vû un Bœuf, eut envie de devenir auffi groffe que lui (fi elle eût connu un Eléphant, elle ne s'en feroit pas tenuë à fi peu de chofe.) La voilà donc qui s'enfle, & dans cet état violent demande à fa voifine fi elle n'égale pas le Bœuf en groffeur. Vous vous mocquez, dit l'autre en hauffant les épaules. Oh! c'eft donc cette fois ci, reprend-elle, en s'enflant encore

LES FABLES D'ESOPE.

plus fort. On lui rit au nez là-dessus. Elle, que son dépit rend encore plus folle, fait un si grand effort, qu'elle crêve à la place.

SENS MORAL,

Vérité naturelle, & facile à prouver!
On se livre à l'envie : elle nous fait crêver.

Hac à te non multùm abludit Imago. Hor. Sat. 3. l. 2.

FABLE XXV.

119. du Mss. 41. de Planud.

LA MOUCHE A MIEL ET JUPITER.

L'ABEILLE irritée contre quelqu'un, (le sujet devoit être grave;) comme elle est fille du Ciel, & qu'elle y a ses entrées franches; elle y prend son chemin tout droit, son petit présent à la main, s'adresse d'emblée à Jupiter; & justement dans le tems où ce Dieu, outre mille soins dont il étoit accablé pour le gouvernement de l'Univers, délibéroit extraordinairement au milieu de

LES FABLES D'ESOPE. 47

sa Cour pléniere comment le Destin ayant voulu d'une part qu'il y eût au Monde un Chien de chasse, à qui nulle bête sur terre ne pût échapper; & de l'autre une Biche qui ne devoit jamais être prise : comment, dis-je, ce decret pouvoit s'exécuter ; solution très-difficile à trouver, & qui faisoit suer d'*ahan* toute cette Cour céleste ; d'où nâquirent ici-bas les choux cabus, fait attesté par un * Auteur des plus graves ; au préjudice de quoi, & sans aucune retenuë, notre petit Insecte voltige autour des oreilles de Jupiter ; bourdonne, se plaint que les Dieux sont sourds ; & fait tant par son importunité, que l'Assemblée se rompt sans avoir décidé l'importante question qui en faisoit le sujet : le tout par le fait d'une Mouche, qui vouloit que l'Olympe ne s'occupât que d'elle seule (*a*).

SENS MORAL,

Ainsi chaque homme veut (ridicule qu'il est)
Que tout intérêt céde à son seul intérêt.

* Rabelais.

(*a*) *Scilicet is Superis labor est, ea cura quietos*
Sollicitat ! Virg. Æneid. l. 4. v. 379.

FABLE XXVI.

Absolument d'Esope, suivant Platon, 1. Alcib. Contée par Bab. dont Suid. nous a conservé deux Vers *in v.* Σπήλυγξ. Employée par Lucile, Sat. 30. par Horace, Ep. 1. l. 1. Par Plutarq. Tr. comme on apperçoit si l'on avance dans le chemin de la vertu. 8. d'Apht. 6. du prétendu Locm. 74. de Faern.

L'ANTRE DU LION.

E Lion étoit malade. On couroit en foule à sa porte. Qui eût osé y manquer ? Le seul Renard se contentant d'en demander des nouvelles d'un peu loin ; comme on lui demandoit à lui-même ce qui l'empêchoit d'entrer : C'est, dit-il, que je vois à la forme de ces pas, qu'ils se

LES FABLES D'ESOPE.

se tournent vers la Caverne ; qu'on y entre librement, mais qu'on n'en revient pas de même.

SENS MORAL,

C'est ainsi justement, qu'au Jeu comme au Palais,
Va notre pauvre argent sans revenir jamais.

Felix, quem faciunt aliena pericula cautum !

Tous ceux qui y vont n'en reviennent pas, dit Salom. au sujet de la femme corrompuë. *Prov. c.* 2. 17. & 18.

50 LES FABLES D'ESOPE.

FABLE XXVII.

La 27. d'Apht. mais un peu différente.

L'OURS ET LES MOUCHES A MIEL.

UN Ours friand, comme il appartient à une si jolie bête, eut envie de manger du miel. Tout ce qui fait plaisir, paroît d'abord au goût la plus douce chose du monde. Il suit donc ce premier mouvement sans réflexion, & va du pas même renverser brutalement un long rang de Ruches. Les rayons tombent à terre, & notre Ours est charmé. Cependant les Essains rassemblés volent de toutes parts, fondent sur lui, s'attachent à cent endroits de son corps; le percent de leurs aiguillons, ne le quittent point, & le mettent au désespoir.

SENS MORAL,

Nul plaisir sans mélange, & suivant la coutume,
Sous les fleurs le serpent, dans le miel l'amertume.

Medio de fonte leporum
Surgit amari aliquid, quod id ipsis floribus angat. Lucret. l. 4.

52   LES FABLES D'ESOPE.

FABLE XXVIII.
La 29. de l'Anon.

LA CHEVRE ET LE CHEVREAU.

ADIEU, mon fils, difoit une Chevre à son petit ; adieu, je vais aux champs pour voir fi j'y trouverai quelque chofe à brouter : garde bien la maifon. Si quelqu'un vient en mon abfence, avant que de lui ouvrir, demande-lui patte blanche. M'entens-tu ? Oüi, ma mere, répondoit le Chevreau, en riant un peu fous cappe ; parce qu'il prenoit tout cela pour difcours d'une vieille maman, &

LES FABLES D'ESOPE. 53
n'ayant pas mal l'air d'un petit Conte. La Chevre sort. Un Loup, qui n'attendoit que son départ, vient, frappe à la porte. Patte blanche, crie le Chevreau en dedans du logis. A cela nulle réponse de la part du Loup, qui n'en porte point de telle ; & qui, sur un pareil compliment, voyant qu'il n'y avoit rien là à faire pour lui, se retire tout honteux, & la queuë entre les jambes. Le Chevreau, qui regardoit à travers les fentes de la porte, vit pourtant que c'étoit fait de lui s'il eût ouvert; ce qu'il n'auroit jamais manqué de faire sans le conseil de sa chere bonne.

SENS MORAL,

Modérons ces éclats de fous,
Nos peres pourroient bien être aussi fins que nous.

54 LES FABLES D'ESOPE.

FABLE XXIX.

Contée par Babr. suiv. les quatr. Gr. La 23. d'Apht. 28. de l'Anon. 89. du Mss. 57. de Planud.

LES LIÉVRES ET LES GRENOUILLES.

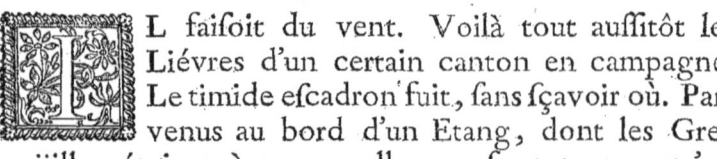L faisoit du vent. Voilà tout aussitôt les Liévres d'un certain canton en campagne. Le timide escadron fuit, sans sçavoir où. Parvenus au bord d'un Etang, dont les Grenoüilles étoient à terre ; elles ne font toutes qu'un sault au fond de l'eau, bien plus effrayées que les Liévres. L'un d'eux, à cette vûë, arrêtant tous les autres : Eh! quoi, dit-il, nous qui mourons de peur, nous

LES FABLES D'ESOPE.

faisons trembler tous ces animaux-ci! Qui vive morbleu! A ces mots les Liévres tiennent ferme, le cœur leur revient, & ils enragent de se battre.

SENS MORAL.

En tout tems, en tous lieux : jadis, comme aujourd'hui,
Un poltron sçut trouver un plus poltron que lui.

Nunc omnes terrent auræ, sonus excitat omnis, Virg. Æneïd. l. 1. v. 728.

Lepusculus plebs invalida. Sal. Prov. 30. 26.

LES FABLES D'ESOPE.

FABLE XXX.

Contée par Babr. fuiv. Suid. *in v.* Σκωλος quatr. Gr. 38. Apht. 9. Mfl. 135. Nevel. 42. Faern. 6. 1. 2.

LE LION MÉDECIN.

N Lion s'alla mettre en tête un jour qu'il feroit bien mieux fes affaires en s'y prenant plus doucement & de biais, que d'y aller toujours de front, & à force ouverte. Pour effai, voyant un Cheval qu'on avoit mis à l'herbe, il l'aborde avec politeffe, lui dit qu'il voit à fon air qu'il ne fe porte pas bien : qu'il veut le guérir, lui : qu'il a ce fecret, parce qu'à fes heures perduës il étudie les simples :

simples : que la profession est honnête, & ne déroge point au reste. Le Cheval se trouve d'abord un peu embarrassé du compliment ; mais bientôt prenant son parti, il avouë le fait ; & où le mal ? reprend le Lion : Tenez, dit le Cheval, voyez-moi ici sous le pied. Le Lion croyant avoir trouvé le moment de faire son coup, s'approche bonnement. Dans l'instant le Cheval lui lâche une ruade de toute l'étenduë de son jarrêt, dont il lui casse la mâchoire, & haut le pied. A quelque tems delà le Lion un peu revenu de l'étourdissement : Toi, faire le Médecin, se dit-il à lui-même ! Prendre des détours au lieu d'employer la force ! Parbleu, c'est bien fait à toi : tu n'as que ce que tu mérites.

SENS MORAL,

Que Rousseau soit Poëte, & G..... Savetier ;
Chacun, pour faire bien, doit faire son métier.

Quam scit uterque, libens censebo, exerceat artem. Hor. Ep. 14. L. 1.

H

LES FABLES D'ESOPE.

FABLE XXXI.

De Stésichore, & contée par Arist. Rhetor. c. 20. l. 2. Et par Hor. Ep. 10. l. 1. Par Plutarq. Traité contre les Usur.
Voyez M. l'Ab. Massieu, Mém. de l'Acad. des Scien. T. 6. p. 195. Edit. d'Holl.

LE CHEVAL ET LE CERF.

E Cheval & le Cerf paissoient au même endroit ; le pâturage étoit gras : ils n'étoient que deux. N'importe ; c'en fut assez pour les broüiller. Veut-on des concurrens au monde? Dans cet état le Cheval, pour se défaire de son ennemi, s'adresse à l'Homme, lui propose de tuer le Cerf, & pour l'atteindre, lui offre son dos. L'Homme

le prend au mot, faute deſſus : le Cerf eſt joint & tué. Grande joye pour le Courſier, mais qui ne fut pas de longue durée ; car voulant prendre ſon congé, l'Homme qui en avoit appris l'uſage, lui remontre qu'il feroit beaucoup mieux chez lui : le ſéjour étoit plus honnête. Sans lui donner le tems de repliquer, on fait un mors, on lui paſſe une bride. Le Cheval enfin eſt mis à l'écurie, où regretant ſa liberté, il reconnoît, mais trop tard, ce que nous coûte la vengeance.

SENS MORAL,

Il vaut mieux (tout dûment peſé comme il doit l'être)
Souffrir ſon ennemi, que ſe donner un maître.

LES FABLES D'ESOPE.

FABLE XXXII.

La 164. d'Abstem.

LE CHIEN ET LE BOEUF.

E fut une sotte bête en son tems; oüi, que le Chien du Jardinier, lequel étendu sur un tas de foin, dont il ne mange, ni ne sçauroit manger, ne voulut jamais souffrir que le Bœuf de la maison y touchât seulement du bout de la langue. Ce dernier eut beau proposer ses raisons, le Chien, dressé sur ses pattes & montrant les

dents, jappe, aboye, & n'en veut écouter aucune.

SENS MORAL,

Ainsi tout envieux cherche à sévrer autrui,
De tout ce que lui-même il ne veut pas pour lui.

Canis in præsepi. 904. des Prov. d'Erasm. Chil. 1.

62 LES FABLES D'ESOPE.

FABLE XXXIII.

Contée par Babr. fuiv. les Qu. Gr. 2. l. 1. de Phedr. 35. d'Apht. 32. de Faern. l. 5.

LE CHIEN ET SON OMBRE.

N Chien emportoit, en fuyant, un morceau de viande à fa gueule. Traverfant l'eau en fon chemin, il voit fon ombre au fond avec pareille proye que la fienne. Avide, il fe jette deffus: ce qu'il tient lui échappe, & mon mâtin demeure ainfi bien fot avec fa convoitife.

SENS MORAL,

Amaſſons, dit l'Avare : un avec un fait nombre ;
Eſprits faux ! nous courons ici tous après l'ombre.

. . . . *eò fit*
Plenior ut ſi quos delectat copia juſto ;
Cum ripâ ſimul avulſos ferat Aufidus acer. Hor. Sat. 1. l. 2.

Vidiſti aliquando Canem miſſa à domino fruſta panis aut carnis aperto ore captantem. Semper ad ſpem futuri hiat. Idem evenit nobis. Quicquid expectantibus fortuna projecit, id ſine ullâ voluptate demittimus, ſtatim ad rapinam alterius erecti, & attenti. Senec. Ep. 72.

64 LES FABLES D'ESOPE.

FABLE XXXIV.

D'Esope, suivant Phedre, qui en a fait la seconde de son 1. l.
Occasion de cette Fable : L'Usurpation de Pysistrate.

LES GRENOUILLES QUI VEULENT AVOIR UN ROI.

Es Citoyenes d'un Etang, les Grenoüilles (pour parler plus simplement) lassées de l'Anarchie, demanderent autrefois en Corps un Roi à Jupiter. Jupiter en rit, & pour les satisfaire, lance du haut de l'Olympe un morceau de bois, qui tombé à grand bruit, porte la terreur dans tout le Marais, & fait cacher ses nouvelles sujettes tout au fond
de

LES FABLES D'ESOPE.

de leurs roseaux. Le bruit cessé; on en voit une, puis une autre, puis une troisiéme, & presque toutes enfin passer un bout de nés au travers de l'eau pour contempler leur nouveau Monarque, & voyant de loin le morceau de bois porté sans mouvement sur la surface de l'eau, elles s'en approchent de plus près, l'abordent, montent dessus, l'insultent, & trouvent fort mauvais que le Maître des Dieux se mocquât ainsi d'elles; nouvelles clameurs de leur part pour avoir un Roi qui fût d'os & de chair comme elles. Jupiter cette fois, cessant de prendre la chose en plaisanterie, leur donne une Cicoigne, qui pour premier acte de son gouvernement, commence par en dévorer tout autant qu'il en parut. Le reste pleure sa sottise; mais adieu leur liberté.

SENS MORAL,

On ne sçait ce qu'on veut, ni ce qu'on ne veut pas.
Et notre liberté cause notre embarras.

Quid causæ est merito quin illis Jupiter ambas
Iratus buccas inflet, neque se fore posthâc
Tam facilem dicat, votis ut præbeat aurem? Hor. Sat. 1. l. 1.

Nec totam servitutem pati possunt, nec totam libertatem. Tacit. Hist. l. 1.

Libertas............
Libertate perit, cujus servaveris umbram;
Si quidquid jubeare, velis. Lucan. Pharf.

Quodammodo propriâ libertate captivi. Boët. Consol. l. 4.

66 LES FABLES D'ESOPE.

FABLE XXXV.

D'Esope, comme ayant été contée par Bab. suiv. les Qu. gr. 12. de Phedr. 10. d'Apht. 47. de l'Anon. 37. du Mss. & de Nével. 2. de Locm.

LE CERF MÉCONTENT DE SES JAMBES.

N Cerf, qui se miroit dans l'eau, voyoit son bois avec plaisir; mais au rapport de ses yeux ses jambes gâtoient tout : il les trouvoit fort mal proportionnées. Quelle réflexion affligeante pour son amour propre! Grand bruit dans le moment, & de Cors & de Chiens qu'on animoit à sa poursuite. Il bondit, il s'élance, & met cent fois tous les Chiens en défaut tant qu'il ne se confie qu'à ses

jambes ; mais voulant gagner le fort d'un Bois, le sien s'y prend. On l'atteint, & mourant : Malheureux, s'écrie-t-il, en voyant la cause de sa perte ; je blâmois en moi ce qui mettoit ma vie en sûreté, & ce qui me donnoit tant de complaisance, est ce qui me l'arrache !

SENS MORAL,

Complaisance inutile ! O ! talens superflus !
Notre endroit favori nous nuit souvent le plus.

FABLE XXXVI.
10. d'Esope. 59. de Faern.

LE CHAT SUR LE RETOUR.

RIPPEMINAUT étant devenu vieux, & ne pouvant plus atrapper le Gibier; que fait-il? Il va chercher le Pâitrain, s'y roule, & se blanchit de sorte, qu'on a peine à le distinguer de la farine. Trompées d'abord, quelques jeunes étourdies de Souris s'y laissent encore prendre; mais les plus consommées se tiennent à l'écart, flairent de loin, & rient de l'artifice.

SENS MORAL.

A vieux Chat Souris tendre : ajoutons cependant
Qu'il n'en peut, s'il n'est fin, croquer que d'une dent.

LES FABLES D'ESOPE. 69

FABLE XXXVII.

D'Esope, Archiloque en ayant fait un Proverbe, qui est le 350. d'Erasm. à propos duquel il raconte la présente Fable en entier.

LE CHAT ET LE RENARD
disputans sur leur habileté.

N Renard assez fat de son naturel, entreprenoit un Chat sur le fait de son habileté, le traitoit de novice au prix de lui, & le renvoyoit à l'Ecole. Maître Marcou, tout retiré dans sa fourure, se contenoit d'un air modeste, & ne levoit pas seulement les yeux; quand des Chiens tout à coup troublent la conférence, relancent nos

I iij

deux bêtes. Et mon Chat en un instant de grimper au premier arbre qu'il rencontre ; tandis que le Renard, qui n'en avoit pû faire autant, houspillé par la Meute, a encore le chagrin en mourant, d'entendre le Chat qui lui crie : Oh ! oh ! l'ami, qui étiez si rusé ; je pense que c'est tout de bon que vous rendez l'ame là bas : vous vous prétendiez si habile ! Oh ! je commence à voir que vous ne sçaviez pas encore tout, ou du moins le plus nécessaire.

SENS MORAL,

Malgré tant de grands mots, Grecs, Hébreux & Latins,
(a) Ma foi les plus grands Clercs ne sont pas les plus fins.

(*a*) Regn. Sat. 3.

LES FABLES D'ESOPE.

FABLE XXXVIII.

Auteur inconnu.

LE CHEVAL ET L'ASNE.

N Cheval, pour toute fonction, obligé quelquefois de tirer un Fourgon; mais d'ailleurs gras & poli, parce que le petit ordinaire alloit assez bien; sans voir le bon de sa condition, n'en voyoit que le mauvais, & se trouvoit ainsi le plus malheureux du monde. Et là dessus des Elégies à perte de vûë, avec des plaintes qui ne finissoient point, contre l'injustice des hommes. Dans ces réfle-

LES FABLES D'ESOPE.

xions, allant un jour son chemin, arrive à sa rencontre un Asne autant & plus chargé que lui, & avec cela si maigre, si maigre, qu'il n'avoit que les os & la peau. Dom Roussin à cet aspect rentre en lui-même, & conclut sagement, qu'il y en avoit encore de plus malheureux que lui; & qu'il feroit bien de ne rien dire à l'avenir, & d'être plus raisonnable.

SENS MORAL.

Moins indulgent pour vous, plus juste envers les autres;
Regardez bien leurs maux : vous souffrirez les vôtres.

Non est beatus, esse se qui non putat. Vers rapporté par Senecq. Ep. 9.

Feras, non culpes, quod vitari non potest. Publ. Syr.
Levius fit patientiâ, quidquid corrigere est nefas. Hor. Ode

Se majori pauperiorum
Turbâ comparet.   Hor. Sat. 1. l. 1.

FABLE XXXIX.

FABLE XXXIX.

87. du MS. 133. de Planud. 3. du 2. 1. de Faern. 19. de l'Anon. Employée par Bourfault dans fes Lettres. Voyez Bayle, art. des Des Barreaux, Note E.

LE MILAN ET LA POULE.

UN Milan étoit malade au lit, de la maladie dont il mourut. Paffe une Poule par là : il l'entend, il l'appelle. La Poule leve la tête, le voit, monte à l'arbre ; & voyant à fes yeux qu'il n'en pouvoit revenir, lui demande affez brufquement ce qu'il attendoit d'elle : Que vous me faffiez le le plaifir, lui dit-il d'une voix mourante, d'aller prier les Dieux de me rendre la santé..... De te rendre la santé, interrompt la Poule! A toi! qui n'as jamais suivi que tes appétits gloutons! A toi, par qui je me suis vûë tant de fois veuve ou mere désolée! Oh! tu peux faire ta commission toi-même: adieu. A ces mots elle ouvre ses aîles, vole à terre, & vous le laisse-là.

SENS MORAL,

La mort pour nos défauts est le terme critique ;
Et qui ne nous craint plus, s'explique.

Nam vera voces tunc demùm pectore ab imo
Ejiciuntur, & eripitur persona, manet res. Lucret. l. 3. v. 57.

LES FABLES D'ESOPE. 75

FABLE XL.

172. du Mss. 18. de Nevel.

L'OISELEUR ET LA PERDRIX.

AU tems que les Bêtes parloient (ce n'étoit pas hier) une Perdrix, que l'Oiseleur venoit de prendre, le conjuroit par tout ce qu'il y avoit de plus touchant, de la laisser aller: elle étoit vieille & dure, celles de l'année valoient bien mieux ; & s'il lui faisoit cette grace, en récompense, & afin qu'il n'y perdît rien (ce qui n'étoit pas juste) elle ameneroit dans ses filets les compagnies de

K ij

Perdreaux tout entieres, qu'il ne s'embarrasât de rien, que la chose étoit sûre. A d'autres, répondit l'Oiseleur en secoüant la tête : à d'autres. Je ne me repais pas de ces belles promesses, & ne table que sur ce que je tiens. A ces mots, il lui tord le col, & vous la met en poche.

SENS MORAL,

Comptons sur le certain, tout le reste est frivole:
Moineau qu'on tient en main, vaut mieux qu'Aigle qui vole.

FABLE XLI.

D'Esope, ayant été contée par Babr. suivant les Qu. gr. & par Apulée de deux manieres. 13. de Phed. 29. d'Apht. 15. tant de l'Anon. que du 3. l. de Faern.

LE RENARD ET LE CORBEAU.

Corbeau le larron, perché sur un arbre, tenoit dans son bec un fromage qu'il venoit de dérober. Renard l'adroit étoit au pied, & se proposant d'en avoir sa bonne part; voici comme il s'y prit : O ! le plus bel Oiseau que j'aye jamais vû, dit-il en élevant la voix, que tu es charmant ! Ah ! beau petit nez, belle plume..... belle petite tête! Que si d'avanture tu avois la voix aussi belle que le reste (& je n'en doute nullement) tu serois sans contredit le premier Oiseau du monde. Le Corbeau, ravi d'aise, ouvre le bec pour chanter. Le fromage tombe. Le Renard le retient, le mange & se rit de sa dupe.

SENS MORAL.

Propos flateurs, malin langage,
Vous ôtez la raison ; c'est bien pis qu'un fromage.

Nunquam te fallant animi sub Vulpe latentes. Hor. Art Poët. v. 437.
Nonnius dans ses Commentaires, rapporte cette Fable en entier.

LES FABLES D'ESOPE.

FABLE XLII.

Emblême.

LE CHASSEUR ET LES LEOPARDS.

 A maniere pour prendre les petits du Léopard (chose assez périlleuse!) c'est de tâcher de les surprendre jeunes, & quand la mere leur est allé chercher la pâture; après quoi, lorsque l'animal de retour suit en furie les traces du Chasseur, celui-ci a soin, de distance en distance, de laisser doucement couler à terre de petits miroirs à facettes. Au premier que la mere rencontre, elle ne

LES FABLES D'ESOPE.

manque pas de s'y arrêter ; séduite par l'artifice du verre qui lui renvoye six fois son image, qu'elle prend pour ce qu'on lui a enlevé. Et pendant qu'elle s'y amuse, on comprend aisément comme le Ravisseur & le cheval en profitent pour s'éloigner à toutes jambes.

SENS MORAL.

Est-ce autrement qu'en nous, à tant d'erreurs sujets,
La passion trop forte abuse des objets ?

FABLE XLIII.

LES FABLES D'ESOPE.

FABLE XLIII.

185. du Mss. 43. de Nevel.

LA TORTUE ET LE LIEVRE.

Omme c'est assez notre coûtume de railler précisément les autres sur les talens que nous croyons avoir, & qu'ils n'ont pas. Maître Jean Lapin en devis avec la Tortuë, ne manque pas, en faisant comparaison de son agilité avec la lenteur de la bonne Dame, de lui jetter au nez les vieux brocards de Landore, de Messager du Mans *, de diligence embourbée, & cent autres gen-

* *V.* le P. du Cerceau.

tilleſſes de cette nature, qu'il prenoit, lui, pour les plus ſpirituelles du monde. La Tortuë, entendant raillerie, ſourit d'abord, ſouffre les lardons : & voyant que Maître Jean continue toujours dans ſa belle humeur : mais vous feriez bien pris, lui dit-elle à la fin, ſi vous offrant le defy, & courant enſemble, je pariois contre vous d'arriver la premiere au but. Vous êtes folle, repartit le Lievre en s'étouffant de rire. Je ne ſuis point folle, & je vais gager tout à l'heure... Oh! parbleu, puiſque vous le voulez, interrompit-il... mais on ſe mocqueroit de moi. Non, non, répliqua-t-elle, & ſans plus de façon l'ayant fait convenir de la carriere, & du Juge; les Enieux fournis de part & d'autre, voilà ma commere qui part peſamment; mais allant rondement ſon petit train, Jean la laiſſe faire, rit, badine, s'amuſe, tandis que l'autre s'achemine toujours. Enfin quand il la voit près du but; il bondit, il s'élance; mais elle avoit touché l'endroit marqué : Il n'en falloit pas davantage.

SENS MORAL.

Qui va ſans s'arrêter, va toujours aſſez vîte;
Le point eſt d'arriver au gîte.

Feſtina lentè. Prov. très-uſité, & le 1. d'Eraſm. Chil. 2.

Finis habet laudem, meta coronat opus.
Tardus anteit celerem. Hom. Odyſſ. Θ

LES FABLES D'ESOPE

FABLE XLIV.

D'Esope, ayant été contée par Babr. suiv. les qu. gr. 18. 2. de Phedre l. 4. 5. du Mss. 10. de Nevel. Supplem. 6. de Faern. l. 1. Modele de la 142. d'Abstem.

LE RENARD ET LES RAISINS.

'Un arbre élevé pendoient deux grapes de Raisins les plus belles du monde. Renard maître rodeur passe par là, les voit, & s'élevant sur ses deux pattes de derriere les croque deja dans son imagination. Le malheur fut qu'après cent efforts redoublés il ne put jamais y atteindre. Tout autre en eût marqué son dépit ; mais

L ij

lui d'un ton imposant. Eh ! donc, dit-il, en les laissant :
On appelle cela des Raisins, Verjus tout *peur*.

SENS MORAL.

A vous, Messieurs de la Garonne,
Avoüez que la Fable est bonne.

LES FABLES D'ESOPE.

FABLE XLV.

Emblême, & non Fable.

LE PHENIX.

 E qu'on sçait plus communément du Phénix, c'est qu'après certain nombre d'années, dont bien d'honnêtes gens s'accommoderoient, (car il va à plusieurs siécles,) il amasse à grands soins dans les Campagnes d'Arabie toutes sortes de Bois odorans & aromatiques, qu'il transporte sur la plus haute montagne qu'il trouve, les arrange par couches, & s'en compose un bucher, qu'à l'aide des rayons du Soleil, & de l'air qu'il agite de

86 LES FABLES D'ESOPE.

ses aîles il allume, reste au milieu du feu, & s'y consume. Mais de ses propres cendres (chose merveilleuse, & sur laquelle on a grande raison de se recrier,) cet Oiseau si rare renait jeune, brillant, & ne meurt ainsi que pour renaître.

SENS MORAL.

Partage trop charmant, à qui tout feroit fête,
Helas ! pourquoi n'es-tu, que celui d'une bête.

FABLE XLVI.

Auteur inconnu.

LA HUPE ET LA LICORNE.

Rois brins de plume font tout le relief, que la Hupe fait voir sur son front. Celui de la Licorne au contraire est armé d'une corne la plus longue, & la plus dure qu'on connoisse. Malgré ces differences, la premiere un jour perchée sur la plus petite branche d'un arbre, se croyoit aussi bien coëffée que la Licorne, qui n'étant qu'à terre, la passoit encore en grandeur : lui soutenoit la chose en face.... La Licorne par bonté

88   LES FABLES D'ESOPE.
veut lui remontrer son erreur. Bagatelle! la Hupe n'en veut rien rabatre, & défend toujours sa sotise: comble de son aveuglement!

SENS MORAL.

On veut nous detromper, nous jettons le miroir :
  L'amour propre ne veut rien voir.

Suum cuique pulchrum est. Cicer. Tuscul. l. 5.

L'Emblême de cet aveuglement est la fameuse Lamie, qui, au rapport de Plutarq. Traité de la curiosité, étoit aveugle chez elle; & lorsqu'elle alloit chez autrui, tiroit ses yeux d'une boëte destinée à les garder.

FABLE XLVII.

FABLE XLVII.

Auteur inconnu.

LE CIGNE MOURANT ET LA CICOIGNE.

Ne Cicoigne de loin entendant chanter un Cigne, la chose lui parut singuliere, & elle l'est en effet, quoique tant d'Auteurs nous en disent. Elle accourt donc, mais ce fut bien pis quand le Cigne lui en apprit le sujet; c'est qu'il alloit mourir : à cela elle n'eut pas le mot à dire; car après tout, chacun fait ici comme il l'entend : Et d'ailleurs, une pareille joye en certains cas ne laisse pas d'avoir son pour, si elle a d'autre fois son contre.

M

SENS MORAL.

La mort est très rude à souffrir.
Mais il est bien des maux, dont elle sçait guerir.

Canorus ales. Horat. Od. 20. l. 2.

Sur cette proprieté dont tous les anciens ont parlé, voyez M. Dacier sur la 56. Ode d'Anacreon.

Estime qui voudra la mort épouvantable,
Et la fasse l'horreur de tous les animaux;
Quant à moi je la tiens pour le point désirable,
Où commencent nos biens, & finissent nos maux.

Quatrain celebre fait par Mathieu & Racan, qui se rencontrerent vers pour vers, & mot pour mot.

Voyez Ménage, observ. sur Malherbe p. 254.

FABLE XLVIII.

Auteur inconnu.

LE CORBEAU ET LE SCORPION.

Tout fait ventre: c'est la maxime des Gloutons. Or Corbeau le gourmand ayant atrapé un Scorpion, (car on ne trouve pas toujours des Fromages à dérober,) il cherchoit le moyen de l'avaler; mais le morceau ne passoit point. Arrive même que, tandis qu'il le tourne & retourne en tout sens dans son bec, le Scorpion le pique. Le venin se coule: l'enflure suit, & le Glouton expire.

LES FABLES D'ESOPE.
SENS MORAL.

Dire que c'est bien fait d'être sobre & frugal,
On le sçait bien : on le pratique mal.

Cornix Scorpium.

Le 58. des Prov. recueillis par Erasm. Chil. 1.
Pro percà Scorpium.

Ibid. Prov. 700 Chil. 2.

LES FABLES D'ESOPE.

FABLE XLIX.

Auteur inconnu.

L'OISELEUR ET LA COULEUVRE.

UN Oiseleur aprêtoit ses gluaux, & tendoit ses filets à l'innocente proye, qu'il croyoit deja tenir. Se glissoit cependant sous l'herbe une Couleuvre, qui, dans le tems qu'il y pensoit le moins, le saisit à la jambe : & le pauvre Oiseleur est pris, lui qui ne songeoit qu'à prendre les autres.

SENS MORAL.

Tel croit en ses filets envelopper autrui ;
Qui ne découvre pas ceux qu'on dresse pour lui.

94 LES FABLES D'ESOPE.

FABLE L.

16. du Mss. 10. de Planud. Modele de la 34. d'Abstem.

LA PERDRIX ET LES COQS.

Uel séjour étranger pour une jeune Perdrix, que celui d'une basse-cour, où triste & recluse, elle se trouvoit enfermée entre quatre murailles, & avec qui encore ? Avec un peuple mal gracieux & bruyant, lequel ou l'étourdit de ses cris, ou la poursuit à coups de bec, vivant sous la tyrannie de deux Coqs, qui du mouvement chagrin de leur tête altiere régloient tout, donnoient le branle à tout dans le Poulaillier. Seule de son parti, elle passe

ses jours à l'écart & dans quelque coin, d'où elle remarque tout ce qui se passe ; mais voyant un beau jour ces deux grands Maîtres affrontés l'un à l'autre pour rien se mesurer des yeux, se sauter au visage, & dans leur furie se faire de larges & profondes blessures. Puisque ces sots animaux, dit-elle en se consolant, en usent ainsi entr'eux : puisqu'ils n'ont pas plus de respect pour leur propre espece : tachons de supporter nos maux en joüissant de ceux qu'ils se font, & prenons patience.

SENS MORAL.

Encore en ses malheurs doit-on moins s'affliger,
Lorsqu'on voit quelquefois les loups s'entremanger.

96 LES FABLES D'ESOPE.

FABLE LI.

Employée par Horace Sat. 2 l. 2. v. 77. la 7. de Phed. l. 4.
49. du Mſſ. 81. de Plan. 28. de Locm.

LE SERPENT ET LA LIME.

N Serpent entré par hazard dans la Boutique d'un Serrurier, s'en alla d'abord suivant son heureux petit naturel rongeant mordre le Marteau, les Tenailles, l'Enclume; mais ses *quenottes* n'y faisant pas grande impression, & venant enfin à la Lime : Sote bête, s'écria-t-elle, (car tout parloit en ce tems-là,) il y a une heure que j'examine tes vains efforts, & t'adresser

fer après cela à moi, à moi! Eh! ne vois-tu pas bien
que c'est moi, qui ronge les autres?

SENS MORAL.

O! gens mordans, & sottement jaloux,
Vous en trouvez d'aussi mordans que vous.

Quid dentem dente juvabit
Rodere? carne opus est, si satur esse velis. Mart. Epigr. l. 13. contre
un Médisant.

V. Erasme n. 533. Chil. 2.

98 LES FABLES D'ESOPE.

FABLE LII.

31. de Phed. l. 1.

LES PIGEONS, ET LES MILANS.

APRE's dix ans de guerre, & plus, malgré tous les efforts de la Grece assemblée, Troye subsistoit encore; lorsque la fatale machine qui renfermoit les plus braves de ses ennemis, ce fameux Cheval de bois dont il est encore bruit par toute la Terre, fut reçuë dans ses murailles aux acclamations d'un Peuple insensé, pour qui la nuit, qui suivit, fut une nuit éternelle. Les Grecs introduits jusque dans le sein d'Ilion, par l'avis imprudent des moins éclairez de ses Habitans, mirent fin au Royaume de Priam, & à la plus superbe ville du monde. Ainsi les Pigeons un jour, (après une comparaison si magnifique c'est un peu retomber à la vérité, mais Troyens & Pigeons, ils furent également aveuglez en une occasion assez semblable, comme on le va voir : d'ailleurs, quand chacun y laisse la vie, tout le monde y est pour son compte.) Ainsi, dis-je, les Pigeons un jour las d'être sans cesse en garde contre la violence des Milans leurs ennemis, furent d'avis de leur ouvrir les portes, & de les recevoir pour maîtres. Devenus leurs souverains, ils leur devroient protection, & ne leur feroient plus la guerre. C'étoit penser noblement; l'avis est donc suivi. On ouvre, les Milans entrent, & vous font aussi-tôt curée de tout le Colombier.

SENS MORAL.

Avec tout ennemi bien fol quiconque habite :
Il n'est, pour s'en garder, que la force ou la fuite.

100 LES FABLES D'ESOPE.

FABLE LIII.

D'Esope, comme ayant été par Babr. suivant Suid. in v. ἑταιρέρος, aussi contée excellemment par Horace, Sat. 6. l. 2. v. 79. 26. d'Aphl. 122. du Mss. 12. de l'Anon.

LE RAT DES CHAMPS, ET CELUI DE VILLE.

E Rat des Champs, ayant autrefois invité à dîner chez lui le Rat de Ville, l'un de ses plus anciens amis, ce dernier vient; se met à table, faisant mine de manger de tout, & en Rat, qui sçavoit son monde, vous loue la propreté du repas, & le bon cœur de l'hôte. En sortant, pour

LES FABLES D'ESOPE. 101

n'être point en reste, il vous prie à son tour le Rat des Champs de venir dès le lendemain prendre un mauvais dîner, en son hôtel, à la Ville. Ce dernier promet, & le jour venu se met en chemin, demande le logis, arrive. D'abord on vous le reçoit dans de pompeux appartemens; & après lui avoir fait voir la maison, on le conduit à l'office, où mille choses excellentes & sans compte donnoient beau moyen à son ami de le régaler de la maniere la plus splendide. Mon campagnard étoit ravi & ne pouvoit se lasser d'admirer la magnificence; quand la porte ouverte à grand bruit laisse entrer tour à tour vingt valets, qui vont, reviennent, & vous donnent à chaque fois cent transes mortelles au Rat rustique, qui, sortant d'un trou, quand il put, adieu, dit-il à l'autre en tremblant, adieu. Je ne fais pas assurément si bonne chere chez moi; mais j'y suis plus tranquille.

SENS MORAL.

Les grandeurs, & les soins habitent les Palais;
Or moins d'honneurs, & plus de paix.

Marc Antonin, Réflexion 23. propose cette Fable pour sujet de nos Méditations les plus ordinaires.

FABLE LIV.

Auteur inconnu.

LA POULE, ET SES POUSSINS.

TANDIS que, suivie de ses Poussins, une Poule attentive à tout ce qui peut leur nuire ou leur servir, les conduit avec inquiétude, & les apâte avec tendresse; passe dans l'air la troupe des larrons, des Milans, veux-je dire, qui, cherchant curée, volent, planent, & s'abbatent si vite, que la Poule n'a qu'à peine le temps de faire passer ses petits sous une grande muë, d'où restée au-dehors, elle les défend encore par ses cris & sa bonne contenance, au péril même d'être enlevée à leur place.

LES FABLES D'ESOPE.

SENS MORAL.

O! malheureux enfans, espérances trop cheres,
Puis-je louer assez la pieté des meres?

Tendresse de cette Poule proposée pour exemple par Plutarque. *Traité de l'amour naturel des peres & meres pour leurs enfans.*

104 LES FABLES D'ESOPE.

FABLE LV.

Certainement d'Esope suivant Aristoph. in Vespis. v. 1436. & son Schol. in pace. v. 128. 28. de Phed. l. 2. de Planud. 60. de Faërn.

LE RENARD ET L'AIGLE.

LE Renard avoit fait son nid dans le creux d'un rocher. L'Aigle, qui près de-là avoit aussi sa nichée, prend le temps, que le Renard est aux champs, enleve ses petits, les porte à ses Aiglons pour en faire curée. Aux cris qu'ils jettent, le Renard accourt, suit l'Aigle, & du pied de l'arbre où elle étoit, éleve tristement sa voix, & la conjure par tout

LES FABLES D'ESOPE. 105
tout ce que le sang peut inspirer de plus touchant, d'écouter un Pere affligé, & de lui rendre sa lignée. L'Aigle s'en mocque, fiere de son extraction, & de l'avantage du lieu où étoit sa couvée. Le Renard outré part, & ayant vû un tison ardent, qui n'étoit pas loin de là, l'apporte au pied de l'arbre, commence à y mettre le feu, & de la seule fumée qui en sort, est prêt d'étouffer les Aiglons; quand leur mere allarmée offre au Renard de lui remettre sa progéniture, & la rend en effet, trop heureuse! à ce prix, de pouvoir sauver la sienne.

SENS MORAL.

A quoi sert de s'entredétruire ?
On peut en cent façons, se vanger & nous nuire.

Hoccine credibile est aut memorabile
Tanta vecordia innata cuique sit,
Ut malis gaudeat alienis, atque incommodis
Alterius sua ut comparet commoda? Terent. Andr. Act. 4. Scen. 1.

106   LES FABLES D'ESOPE.

FABLE LVI.
Auteur inconnu.

LES BREBIS QUI VONT AU-DEVANT DES LOUPS.

AH! c'en eſt trop, dirent un jour entre-elles les Brebis, laſſes de ſe voir tous les jours la proye des Loups, leurs ennemis, & c'eſt une pure honte que nous, qui, graces au Ciel, avons queuës & oreilles comme eux, nous nous laiſſions enlever comme des Poules? Eh! quoi n'avons nous pas parmi nous de la jeuneſſe ardente: & ne dit-on pas communément à notre ſujet, que la patience outrée devient

LES FABLES D'ESOPE.

fureur? D'ailleurs, périr pour périr, ne vaut-il pas mieux le faire en combattant, que de voir arriver la chose sans nous défendre? A ce discours, fieres comme amazones, elles se divisent par bataillons, marchent droit aux Loups, qui d'abord eurent tout lieu d'être surpris de la civilité, mais qui bientôt remis de leur étonnement, ne font que recevoir les pauvres bêtes, à qui il arriva justement ce qu'en dit le Proverbe, d'être venuës elles-mêmes se jetter à la gueule aux Loups.

SENS MORAL.

Eh! pourquoi nous piquer d'une folle vigueur,
Lorsque la force en nous ne répond pas au cœur?

Jupiter même a en haine celui, lequel s'attache à un plus fort que lui. Vers d'Homere de la traduction d'Amyot, dans son Plutarque, Traité de la maniere de lire les Poëtes, où cet Auteur fait voir que ces deux Vers reviennent à l'ancienne & célebre Maxime : *Connois-toi toi-même.* Maxime, dont il veut dans un autre endroit, qu'Homere soit Auteur, disant, Iliade II, qu'Hector allant assaillir tous les autres Capitaines Grecs : il refuioit le Fils de Télamon. *Banq. des Sept Sages.*

Cervi Luporum præda rapacium,
Sectamur ultrò, quos optimus
Fallere, & effugere est triumphus. Hor. Od. 4. l. 4.
Ovem Lupo commisisti. Erasm. Prov. 307. Chil. 1.

108 LES FABLES D'ESOPE.

FABLE LVII.

133. du Mſſ. 45. de Plan. 110. de Nevel. 20. de Faërn. l. 4. revient à la 2. d'Apht.

L'ASNE QUI NE PEUT S'ACCOMMODER D'AUCUN MAISTRE.

N Ane ſervoit un Jardinier. Trouvant ſa condition trop dure, il ſe met à braire aux Dieux : les Dieux lui donnent un autre maître ; mais ne s'accommodant pas mieux de ce ſecond, on lui laiſſe le choix d'un troiſiéme. Ce dernier étoit Corroyeur de ſon mêtier ; mêtier ſale & rude,

& bien plus rude maître. L'Ane accoûtumé à faire ses petites volontés, s'adresse encore à Jupiter; mais cette fois ce Dieu fut sourd; & ce fut à nôtre Baudet à comprendre que, quelque mal qu'on soit, on peut encore trouver pis, si l'on change.

SENS MORAL.

Tenons-nous où le sort a voulu nous loger:
  On ne gagne rien à changer.

110 LES FABLES D'ESOPE.

FABLE LVIII.

D'Esope, ayant été contée par Babr. suiv. les qu. gr. 35. Phed. 1. l. 1. Anon. 2. Mss. 102. Nevel. Supplem. 84.

LE LOUP ET L'AGNEAU.

UN Loup & un Agneau par hazard buvoient au même ruisseau : le Loup à la source, l'Agneau dans le courant, & beaucoup au-dessous du Loup. Iras-tu boire plus loin, lui crie le Loup, qui cherchoit noise? Je te trouve bien hardi de troubler ainsi mon eau. Troubler votre eau! répond l'Agneau avec douceur, dans la situation où nous sommes ici, vous & moi, cela n'est pas possible. Mais je te reconnois,

LES FABLES D'ESOPE.

reprend le Loup en s'approchant, & ton pere & ta mere tiennent tous les jours cent mauvais discours sur mon compte. Mon pere & ma mere, replique l'Agneau avec la même douceur! Ils sont morts l'un & l'autre. Oh! c'est donc toi, qui depuis six mois......... Je n'en ai que quatre. Morbleu personne ne m'a jamais fait enrager comme ce jeune sot : il faut que je le mange. A ces mots l'Agneau tend la gorge, & le Loup le dévore.

SENS MORAL.

Mais j'ay pour moi l'honneur, la justice...... Chanson!
Le plus fort a toujours raison.

LES FABLES D'ESOPE.

FABLE LIX.

Histoire, & non Fable.

L'ELEPHANT ET LE DRAGON.

DANS ces climats dangéreux, qui ne font fertiles qu'en monstres, un Dragon du haut d'un arbre s'étant lancé sur un Eléphant, ce dernier périssoit lentement sans trouver lieu à se servir de sa force, & de son courage; car tandis que des replis sinueux de sa queuë venimeuse le Dragon lui enlace une jambe, il lui serre en même temps la trompe de ses griffes aiguës, & se saoule ainsi à plaisir

de

LES FABLES D'ESOPE.

son sang, qu'il lui suce à longs traits de sa langue mortelle. Indigné, & plein d'un généreux dépit, l'Eléphant prend son parti, se laisse tomber par terre, & de sa masse énorme, écrase en expirant son ennemi insatiable.

SENS MORAL.

Tel un Chêne orgueilleux, tombant avec éclat,
Sous ses débris s'immole, & .... *l'abbat.*

114 LES FABLES D'ESOPE.

FABLE LX.

D'Esope, ayant été contée par Babr. suiv. Suid. in v. φριξοτριχα, 79. du Mss. 71. de Nevel. 18. de l'Anon.

LE RAT ET LE LION.

L E Lion (qu'imagine-t-on au dessus du Lion ?) Le Lion, dis-je, se trouvoit pris dans des filets. Frémissant de dépit, il rugissoit au loin : Tout trembloit à sa voix ; mais que lui servoit dans cet état sa force & son courage ? Sort à ce bruit du fond d'un trou un Rat, foible animal, qui s'approche, voit l'embarras de son Excellence Lionne ; & pour l'en tirer, ronge une maille, en ronge deux, & fait tant enfin par ses journées, qu'il rend, lui chétif, à l'animal terrible, & la vie & la liberté.

SENS MORAL.

Hauts & puissans Seigneurs, Altesses, Eminences,
Bien plus petit que vous, vous sert aux occurrences.

116　LES FABLES D'ESOPE.

FABLE LXI.
Emblême.

LE CROCODILE, ET LE RAT DU NIL.

IL y a sur les bords du Nil certaine espece de Rat, qui, lorsque le Crocodile pour son déjeuner, a dévoré quelque corps humain, & qu'il est en peine de se curer les dents, s'approche de lui officieusement, & lui rend ce service. Le Crocodile, qui y prend grand plaisir, se met à la portée du Rat, ouvre la gueule bien grande : & le Rat de s'y jetter légerement, & de lui descendre dans le

LES FABLES D'ESOPE.

corps, où il lui ronge les entrailles, tant que mort s'ensuive.

SENS MORAL.

Exemple remarquable en cette Fable offert!
Nous suivons le plaisir, & le plaisir nous pert.

FABLE LXII.

D'Ésope contée par Babr. qu. Gr. 1. d'Apht. 32. d'Avien. 196. du Mss. 134. de Plan. 15. de Faërn. l. 2.

LES FOURMIS ET LA CIGALE.

H! mes Sœurs, par charité quelque petite chose à cette pauvre voisine, qui vous a....
  Tant chanté
  Cet Eté,
Disoit l'hyver une Cigale à des Fourmis, qui mangeoient tranquillement les petites provisions, qu'elles avoient faites avec tant de soins l'été précédent : Je ne trouve pas un seul brin d'herbe. Rien, lui répondoient séche-

ment nos ménageres. L'été, lorsque nous nous donnions bien du mal, vous preniez du bon temps, n'est-ce pas? Oh! bien tout a changé, & chacun a son tour. Bon soir. A ces mots les Fourmis retirent leur porte sur elles, & se moquent de l'air du temps.

SENS MORAL.

L'Eté : c'est l'âge mur, où l'on doit amasser.
Heureux ! sur le retour, qui peut se reposer.

Quæ in juventute tuâ non congregasti, quomodo in senectute tuâ invenies? Eccl. 25.
Optimum obsonium labor Senectuti. Liv. 266. des Prov. d'Erasme. Chile 3.

Ne t'assis point sur le boisseau ; Précepte énigmatique de Pythagore, qui signifie, suivant Plutarque, *Education des Enfans*, qu'il faut fuir l'oisiveté, & se pourvoir contre les besoins de la vie.

FABLE LXIII.

D'Esope, ayant été contée par Babr. qu. Gr. & suiv. Suid. in v. ὁριζοτριχὰ. 79. du Mss. 71. de Nevel. 18. de l'Anon.

LE LION, LE SANGLIER, ET LE VAUTOUR.

I L s'agissoit entre le Lion & le Sanglier d'une certaine proye, qu'ils prétendoient tous deux. La cause se plaidoit à coups de dents, d'ongles, & de défenses. Le combat se soutint longtems, mais les deux contendans blessez, perdant leurs forces, se jetterent à terre chacun de son côté. Un Vautour en

cet

LES FABLES D'ESOPE.

cet état s'abbat rapidement, fond sur la proye, & l'enleve à leur barbe.

SENS MORAL.

Je veux avoir un droit, qu'un autre me conteste.
Un tiers vient, s'en saisit, & le gibier lui reste.

Inter duos litigantes tertius gaudet.

122 LES FABLES D'ESOPE.

FABLE LXIV.
108. du Mſſ. 83. de Plan.

LE LOUP ET LA BREBIS.

UN Loup pourſuivoit une Brebis, qui trouve un bâtiment, y entre, & le Loup après elle. Mais la porte s'étant refermée ſur eux, il perd tout appétit, s'aſſied ſur ſon derriere, regarde piteuſement la Brebis, & attend dans cet état que le premier venu l'aſſomme.

SENS MORAL.
Le ſang froid ſuccédant à la fureur extrême,
Un voleur eſt bien pris, quand il eſt pris lui-même.

LES FABLES D'ESOPE. 123

FABLE LXV.
Auteur inconnu.

LE SINGE QUI SE SERT DE LA PATE DU CHAT.

SI vous avez jamais entendu parler du Singe, qui se servoit de la pate du Chat pour tirer les marons du feu, (c'est ce qui vous arrive quelquefois,) le voici, Messieurs le voici, qui paroît lui-même en personne. Ah! voyez comment sous ce feu si bien allumé, & dans la braise la plus ardente rotissent ces marons, la cause de sa tentation, &

l'objet de fa concupifcence. Voyez comme il vient de fe faifir de la pate du chat du logis : comme il l'empoigne. Voyez, voyez comme il porte au feu cette pate, & l'en approche dextrement, tandis que le Chat échaudé jure & crie; ce que le *madré* de Singe, que vous remarquez, fait à plufieurs reprifes, & fi bien, qu'il en tire tous les marons pour lui feul, & les croque l'un après l'autre, avec le double plaifir de fe contenter, & de le faire aux dépens d'autrui.

SENS MORAL.

Ainfi pour vous, ô bœufs! le foc n'ouvre la plaine.
Ainfi pour vous, brebis, vous ne portez la laine.

Sic vos, non vobis, fertis aratra Boves,
Sic vos, non vobis, vellera fertis, oves. Virgile.

LES FABLES D'ESOPE. 125

FABLE LXVI.
17. de l'Anon.

L'ASNE ET LE PETIT CHIEN.

CERTAIN Ane autrefois voyant que toutes les caresses étóient pour le petit Chien du logis, & pour lui tous les coups, se mit à rêver là-dessus, & conclut dans sa tête que la chose n'arrivoit ainsi, que parce que lui, Ane, étoit trop posé, trop sérieux, & que *Marquis* au contraire faisoit mille miévretés, couroit après Monsieur, tiroit la jupe à Madame; d'où il se résolut de montrer de sa part ce qu'il sçavoit faire de gentillesses, quand il s'en mêloit : Et pour cet effet, trouvant l'appartement ouvert, il entre du pas dans le cabinet de son Maître, & du plus loin qu'il l'apperçoit, éleve sa voix mignone, & prend ses mesures si justes, qu'il vient lui tomber sur les deux épaules par forme de révérence : Et cela avec tant d'amitié, qu'il pensa l'assommer sur l'heure. Le Maître tout froissé crie à l'aide. On accourt, & de vous remener au plus vîte à grands coups de bâton maître Martin à son écurie, où l'on le renferma si exactement, qu'il n'eut plus à l'avenir les moyens de faire l'agréable.

SENS MORAL.

Chacun en nos façons restons tels, que nous sommes:
Le naturel forcé peut gâter tous les Hommes.

FABLE LXVII.

Phedre 23. l. 1. Anon. 23.

LE CHIEN ET LE VOLEUR.

UN Voleur, le nez sous son manteau, cherchoit à se glisser dans un logis, dont un Limier gardoit la Porte. Pour le faire taire, il lui jette un pain, le flatte de la voix; mais le Chien montrant les dents, & aboyant de toute sa force : Tirez, dit-il, tirez d'ici, je vois votre dessein, & je ne prend rien de personne.

LES FABLES D'ESOPE
SENS MORAL.

Tout présent m'est suspect, & je m'en trouve bien:
On ne donne ici rien pour rien.

FABLE LXVIII.

LES FABLES D'ESOPE.

FABLE LXVIII.

Auteur inconnu.

LA BREBIS, LE CERF, ET LE LOUP.

UN Cerf demandoit à une Brebis un muid de grains, qu'il disoit lui avoir prêté, ce qui étoit très-faux. La contestation se trouvoit portée devant le Loup, Juge excellent en cette partie! Il vouloit qu'elle eût tort : le moyen que la chose fut autrement? Voilà donc la Brebis condamnée contradictoirement. Le Cerf leve la Sentence, & vient pour contraindre la Brebis; mais elle s'en mocque, & le renvoye bien vîte par deux moyens péremptoires; le premier, qu'il n'étoit plus affifté du Loup, point capital ? Le fecond, que l'on n'eft point tenu des engagemens, que l'on prend par crainte, & fans liberté; ce qu'elle fçut fort bien lui dire, & en auffi bons termes, que je puis le faire préfentement. Oh! c'eft que les bêtes fçavoient toutes leur droit en ce temps-là, qui fut celui de vendanges, comme Maître François * en pareil cas n'auroit pas manqué de le dire, pour affurer les dates.

SENS MORAL.

Quod metûs caufâ, *dit la Loi*,
Tout Acte fait par crainte, eft Acte nul de foi.

Male verum examinat omnis corruptus Judex. Horat.

* Rabelais.

LES FABLES D'ESOPE. 131

FABLE LXIX.

Auteur inconnu.

LE CHESNE ET L'ORMEAU.

SIRE, (diſoit un jeune fat d'Ormeau au Chêne, Roy des Forêts, que mille Arbres, ſes Sujets, preſſés avec amour autour de lui, environnoient de toutes parts,) Sire, que votre Majeſté me le pardonne ; mais qu'elle eſt, s'il lui plaît, ſa patience, de ſouffrir ainſi toute cette populace autour d'Elle, & de ne point faire abbatre ici tout ce qui l'incommode ? Le zéle eſt grand, répondit le Chêne ; mais

R ij

je veux bien l'excuser pour cette fois. Au surplus, rien ne m'incommode moins que l'empressement de mes Sujets, & je sçai, grace au Ciel, ce que j'ay à faire, quand on m'est suspect. Cela dit, il tourne la tête d'un autre côté. Chacun l'admire, & l'Ormeau serre les épaules.

SENS MORAL.

C'est aux Rois à sçavoir user de leur puissance :
A nous de l'admirer dans un humble silence.

LES FABLES D'ESOPE. 133

FABLE LXX.

Phedre, 29. l. 1. 11. de l'Anon. 8. de Faërn. l. 2. 128. d'Abstein.

L'ASNE ET LE SANGLIER.

N Ane insultoit un Sanglier, (la partie étoit fort égale,) les grossieretés, les injures étoient prodiguées par le Baudet. Le premier mouvement du Sanglier fut de se jetter sur lui, & de le mettre en pieces. Réfléxion faite, il crut que la meilleure maniere de se venger d'un pareil adversaire, étoit de passer son chemin, sans lui faire seulement l'honneur de lui répondre.

SENS MORAL.

*Ne troublons point notre repos,
Le mépris seulement doit nous venger des sots.*

Bis vincit, qui se vincit in victoriâ. P. Syrus.
*Infirmi est animi, exiguique voluptas,
Ultio. . . . . . .* Juven. Sat. 13.

LES FABLES D'ESOPE. 135

FABLE LXXI.

Auteur inconnu.

LE CORBEAU ET LA BREBIS.

N Corbeau venoit de se jetter sur le dos d'une Brebis. Comme elle est bonnasse, elle le laisse faire. Il lui tire la laine : elle ne dit mot. Il lui découvre jusqu'à la chair vive : elle le souffre. Cette patience rendant le Corbeau plus insolent, il vous la pique jusqu'au sang, & auroit même fait pis, s'il eut été de taille à le faire.

LES FABLES D'ESOPE.
SENS MORAL.

Le Monde, chere Agnés, est une chose étrange:
Faites-vous y Brebis, vient le Loup, qui vous mange.

FABLE LXXII.

FABLE LXXII.

Auteur inconnu.

LE CHAT ET LE COQ.

UN Chat venoit de se jetter sur un Coq, & cherchant un prétexte à le croquer : Maudit animal, lui dit-il, dont l'humeur inquiete & le cri perçant vient si longtemps avant l'aurore, troubler tant d'honnêtes gens, qui sont rentez pour dormir bien tard, es-tu fol, & faut-il que ce soit moi, qui me charge du soin de t'en reprendre? Excusés-moi, lui répondit le Coq d'un ton doux & soumis : si je chante si matin, c'est pour rappeller les Hommes au travail, & par là... Tu moralises, interrompt le Chat! fort bien j'en suis très-aise. A ces mots, & sans autre forme de procès il l'étrangle, & le croque.

SENS MORAL.

Avec plus fort que nous, & qui veut nous confondre,
C'est temps perdu, que de répondre.

Les Sybarites pour dormir plus tranquillement, avoient exclu les Coqs & les Artisans de leur Ville. *V. Pline*, *l.* 10. *c.* 20. *Lucret. l.* 4.

Malefacere qui vult nusquam non causam invenit. P. Syrus.

LES FABLES D'ESOPE. 139

FABLE LXXIII.

Auteur inconnu.

LE CHEVAL ET L'ASNE.

PORTANT la tête au vent, & battant du pied la terre, qu'il ne croyoit pas digne de le porter, un jeune Cheval, petit Maître, venoit le long d'un chemin, tout fier de son riche harnois. Un pauvre Ane bien chargé venoit dans la même route, à la rencontre de notre étourdi. Humble & soumis, il se jette vîte à côté pour laisser passer l'autre, qui, plus fier encore de cette déférence, regarde

S ij

l'Ane par-dessus l'épaule, passe dédaigneusement, & va chercher ailleurs à éclabousser quelqu'un de l'abondance de son mérite.

SENS MORAL.

Image du forfant, qui, plein de vision,
A soi tout le premier se fait illusion !

LES FABLES D'ESOPE.

FABLE LXXIV.

Hiſtoire.

LE CENTAURE ET LA JEUNE FEMME.

UN enlevement ſur le compte d'une jolie Femme, eſt quelque choſe. Quand il ne feroit que du bruit, c'eſt aſſez ſuivant ces Juges rigoureux de l'honneur du Sexe, qui en exigent qu'il ſoit ſi réſervé, qu'on ne parle pas même de ſa vertu. Sur ces maximes outrées que deviendroit la pauvre Lucrece, qui a fait, & fera le ſujet de tant de Diſcours? Que deviendroit, pour me rapprocher du mien, l'Héroïne de cette Fable? Jeune, belle, elle fut vuë au bain par un Centaure, proche parent de Nessus *. La voir, l'aimer, la ravir, tout cela ne fut que l'ouvrage d'un instant. Saisie d'horreur de se voir dans l'état où elle se trouvoit, entre les bras d'un Monstre, elle pousse au loin les cris les plus perçans, que ses Compagnes consternées lui renvoyent pour tout secours. Elle s'adresse aux Dieux, veut se percer le cœur du propre dard que son Ravisseur tenoit; mais ses efforts sont vains. Plus vîte que le Faon, le Monstre fuit avec sa proye. Quel destin! quelle extrémité! l'Opéra a-t-il tort de dire à peu près sur pareil sujet:

> *C'est quelquefois un grand malheur,*
> *Que d'être trop aimable?*

SENS MORAL.

Que tu nous fais de maux! mais ceux que tu t'attires,
Dangereuse Beauté, sont quelquefois bien pires.

---

* *Ut de virtute quidem ulla ad viros fama emanet.* Péricles & Thucidide.
Quæ casta est? de quâ mentiri fama veretur. V. Bayle, art. de Lucrece.

LES FABLES D'ESOPE. 143

FABLE LXXV.

26. de l'Anon. employée par saint Basile, Ep. 20.

LE LOUP, L'AGNEAU, ET LE BOUC.

N Loup lorgnoit un Agneau, qui passoit ;
& tout le portoit à lui dire naturellement,
& sans détour : Je suis Loup, Loup, qui te
mangerai ; mais se sentant incommodé de
la présence d'un Bouc, haut, fort, & des
mieux encornez, à qui l'on avoit confié la conduite de
l'Agneau, & craignant qu'on ne lui répondit en ce cas
sur le même ton : Je suis Biche, Biche, qui l'empêcherai,

il s'y prit autrement, & voulut faire honte à l'Agneau d'être en pareille compagnie. Il n'étoit pas décent de s'accointer ainsi de toute sorte de gens : il falloit mieux se ménager lorsqu'on entroit dans le monde : que lui à sa place il ne balanceroit pas un moment à laisser là un tel second. L'Agneau à tout cela fait une très-humble révérence, & passe vîte, en se tenant serré contre le Bouc, & par ce moyen se tire du pas le plus dangereux, où il se fut encore trouvé de sa vie.

SENS MORAL.

Tenons-nous bien unis à qui peut nous défendre :
Qui veut nous diviser, ne tend qu'à nous surprendre.

FABLE LXXVI.

LES FABLES D'ESOPE.

FABLE LXXVI.

Auteur inconnu.

LES PIGEONS ET LES VAUTOURS.

AVEC une assez grande bonté d'ame, mais fort mal entenduë les Pigeons, qui pouvoient fort bien se borner aux soins qui les regardoient personnellement, voulurent les étendre un jour à conclure la paix entre les Vautours, qui s'étoient divisés entre eux, & se battoient à toute outrance. Pour cet effet ils offrirent leur médiation, qui fut aussi-tôt acceptée. Par ce moyen les Vautours réunis tournerent leurs

146 LES FABLES D'ESOPE.
forces contre les Médiateurs, qu'ils mirent aifément en piéces, pour les remercier de leurs bons offices, à peu près comme M. Robert * est payé des siens dans cette Scene, où il accourt pour empêcher Sganarelle de battre sa femme.

SENS MORAL.

La maxime est d'usage, & bien sage est celui,
Qui ne se mêle point des affaires d'autrui.

Ædibus in nostris quæ prava aut recta geruntur.

Vers d'Homere, que Diogene & Socrate avoient toujours à la bouche, fuivant Aulu-Gelle, pour nous apprendre à ne nous mêler, que de ce qui nous regarde. V. Erasme, Prov. 585. Chil. 1.

* Moliere, Médecin malgré-lui.

LES FABLES D'ESOPE. 147

FABLE LXXVII.
Auteur inconnu.

LES PASSAGERS ET UNE BALEINE.

POUR se tirer du péril affreux, où se trouvoient des Passagers sur leur Vaisseau, par l'approche d'une Baleine énorme, qui sembloit ne venir, en menaçant de loin, pour rien moins, que pour les engloutir, eux & tout l'équipage; voici la résolution, qui fut prise & exécutée. On jette à la Mer tous les balots, dépoüilles rares & cheres : Fruits de mille dangers, & de tant de travaux. Mais enfin, tandis que le Monstre avide se jette dessus, dévore tout ce qu'elle

T ij

148   LES FABLES D'ESOPE.
trouve; le Vaisseau moins chargé force de voiles, & ceux qui le montoient, voyent leur vie en sûreté.

SENS MORAL.

Il est de certains temps, il est de certains maux,
Où c'est gagner assez, que de perdre à propos.

Nemo cum sarcinis onatat. Senec. Ep. 22.
Quæ nocitura tenes, quamvis sint cara, relinque:
Utilitas opibus præponi tempore debet.
Exiguum malum, ingens bonum. Erasm. Prov. 467. Chil. 2.

LES FABLES D'ESOPE.　149

FABLE LXXVIII.

Un peu différente de la 32. d'Avien, laquelle est la 14. de Faërn. l. 4.

LE CHARTIER EMBOURBÉ, ET SON CHEVAL.

SUR son Cheval Jean se tuoit.

Contre Jean le Cheval ruoit *;

Et il ruoit parce qu'étant dans un bourbier, d'où il lui étoit impossible de se tirer sans secours, il ne laissoit pas d'être assommé de coups comme si la

* Vers du Chevalier d'ACEILLY.

chose étoit fort faisable. C'est ce qu'il prioit son Maître de considérer : point de raison. Jean redouble, s'emporte, jure. La pauvre Rosse fait un dernier effort, dont elle creve à la place. Mais qu'est-ce après tout pour bien des gens qu'une Rosse de plus, ou de moins au monde?

SENS MORAL.

Avec force Patrons, (d'ailleurs fort gens de bien)
Crevez-vous, c'est tout comme rien.

LES FABLES D'ESOPE. 151

FABLE LXXIX.

56. de l'Anon.

LE SINGE SANS QUEUE, ET LE RENARD.

N Singe avoit perdu sa queuë. Où? je ne sçai; mais cela ne fait rien à la chose. Passe par là un Renard, qui l'avoit longue & belle. Le Singe l'arrête, lui en demande la moitié, impudemment, & comme si la chose eût été fort facile à faire. Le Renard, qui n'est pas autrement sot, lui fait

152 LES FABLES D'ESOPE.
un grand éclat de rire au nez, passe son chemin, & va à ses affaires.

SENS MORAL.

Ce n'est qu'avec pudeur, que l'on doit demander,
Et tout ne peut pas s'accorder.

V. le Traité de Plutarque, sur la fausse honte. Il y donne des exemples & des préceptes pour résister aux importunités des demandeurs impudens, à qui l'on cede quelquefois, parce qu'on n'a pas la force de les refuser.

FABLE LXXX.

LES FABLES D'ESOPE. 153

FABLE LXXX.

D'Efope, fuivant Plan. vie de notre Auteur, & encore fuivant le Mff. même Vie.

LA GRENOUILLE, LE RAT, ET LE VAUTOUR.

A Grenoüille confervant profondément dans fon ame le fouvenir des différends, qu'il y avoit eû autrefois entre fon efpece, & celle des Rats*, en trouva un fur le bord de fon Etang, & diffimulant avec lui : Frere, lui dit-elle, en

* Fable très-reffemblante au fait réel, qu'on trouve dans les Maccabées, chap. 12.

V

l'abordant avec un air ouvert, tandis qu'une paix aimable fait cesser depuis longtemps toutes hostilités entre nous, voulez-vous que sur l'autre rive transporté par moi sûrement, je vous fasse voir l'état, les mœurs, & le gouvernement de notre République ? Qui vous retient ? Allons. Joignés vos pates aux miennes, & couché sur le dos, je vous passe en un moment à l'autre bord, où vous trouverez, je m'assure, des choses dignes de votre curiosité. A ce discours le Rat se laisse persuader, s'attache à la Grenoüille de la maniere qu'elle lui avoit expliquée, & se confie à Neptune. Ils nagent. Le bord s'éloigne ; mais quand la Grenoüille se crut assez loin pour exécuter son dessein, la perfide secouë le Rat, & veut s'en détacher pour le noyer. Lui, dans ce danger, l'embrasse plus étroitement, & s'y unit de sorte, que la Grenoüille ne peut s'en dégager, & n'ose le mettre à terre, après un complot si marqué. Planoit cependant en l'air un Vautour, témoin de leur embarras. Il s'abbat, il fond sur eux, & vous en fait gorge chaude.

SENS MORAL.

Petits toujours dupez, & toujours ignorans,
Vous vous déchirez pour les Grands.

FABLE LXXXI.

Auteur inconnu.

LE CONSEIL DES ANIMAUX.

L'ANE, le Chameau, le Bufle, & un autre, dont le nom pourra me revenir, avoient une affaire de la dernière importance à réfoudre entre eux. Rendez-vous donné, heure prife, on arrive, on s'affemble. Le Chameau d'un ton grave commençant à pofer la queftion, l'Ane l'interrompt, prend la parole, fe met à braire continuëment, & fi longtemps, qu'il fallut rompre l'Affemblée, fans avoir pu feulement parvenir aux préliminaires.

LES FABLES D'ESOPE.
SENS MORAL.

Que j'offrirois souvent vingt Ducats à ma part,
Pour que Martin bâton punit Martin braillard.

Sermo datur cunctis, animi sapientia paucis. Cat. Distic. l. 1.
Tunc canent Cycni, cum tacuerint gracculi. Eraf. Prov. 297. Chil. 3.

LES FABLES D'ESOPE. 157

FABLE LXXXII.

Revient à celle employée par Horace, Sat. 6. l. 1. v. 22. laquelle est d'Esope, ayant été contée par Babr. suiv. les qu. Gr. la 10. d'Apht. la 5. d'Avien. & employée par Thémistius.

LE LOUP DEGUISÉ ET L'AGNEAU.

TOC, toc, qui est-là? demandoit un Agneau enfermé dans une Bergerie, & qui voyoit à travers les fentes de la porte un maître fripon de Loup, lequel, pour le mieux croquer, s'étoit caché comme il avoit pu sous la peau d'un Mouton; qui est-là? Ami, répondit le Loup en adoucissant sa voix, ouvrez, n'est-il pas temps d'aller aux Champs?

158 LES FABLES D'ESOPE.

Venez, je vous y ferai compagnie. Avec plaisir, lui dit l'Agneau qui le reconnoissoit, avec plaisir ; mais comme on parle beaucoup de Loups depuis certain temps, je vais appeller les Chiens du troupeau. Nous n'en avons ici qu'une demi-douzaine, hauts, forts...., Attendez, vous les allez voir tout à l'heure. Serviteur, interrompit le Loup brusquement, serviteur. Je vois bien que vous n'êtes pas pressé. Il détalle à ces mots, & laisse l'Agneau en sûreté rire tout à son aise du succès plaisant de la feinte.

SENS MORAL.

Ecartés les habits, & démêlez le ton :
Le Loup est bien souvent sous la peau du Mouton.

LES FABLES D'ESOPE. 159

FABLE LXXXIII.

D'Efope, & contée par Babr. fuiv. les qu. Gr. 19. d'Apht.

LE CORBEAU QUI VEUT IMITER L'AIGLE.

UN Aigle d'un vol puiffant venoit de fondre fur un Agneau, qu'il emportoit entre fes ferres. L'envie d'en faire autant prit à un Corbeau, fpectateur de la chofe. Il s'abbat donc fur un Mouton, (un Agneau n'étoit pas affez lourd pour lui,) on s'imagine aifément comment il vint à bout de l'entreprife. Mais le plus facheux pour lui, fut que,

160   LES FABLES D'ESOPE.
s'embaraffant les pates dans la toifon du Mouton, il eſt pris & affommé par le Berger, qui vous le fait payer pour l'Aigle.

SENS MORAL.

Sçavoir ſe meſurer, eſt le point à ſçavoir :
Mal en prend à chacun d'excéder ſon pouvoir.

Ubi cœpit pauper, divitem imitari, perit. P. Syr. v. 746.
Metiri ſe quemque ſuo modulo, ac pede verum eſt. Hor. Ep. 7. l. 1.
Qui ſua metitur pondera, ferre poteſt. Mart. Epig. 98. l. 12. Nev.
Ne ultrà pedem calceus. Prov. très-familier à Lucien, & le 448 d'Eraſme, Chil. 2.

FABLE LXXXIV.

FABLE LXXXIV.

Contée par Lucien, Dialog. du Pêcheur, ou de la Vengeance.

Le même dans un autre Dial. dit que la chose arriva du temps, & au Singe de Cléopatre.

MAISTRE PIERRE ET SON SINGE.

MAÎTRE PIERRE étoit arrivé cette année-là, (comptez bien) avec son Singe, l'honneur & la victoire de la Foire. On y couroit en foule, & l'on se tuoit à la porte. En effet, c'étoit merveille de le voir aller à cheval sur un chien, danser sur deux pieds, passer par les cerceaux, & sur tout sauter au premier signe sur l'épaule de son Maître, & lui dire à l'oreille tout ce qu'il falloit qu'il répondît aux différentes questions, qu'il étoit libre de lui faire. Jusqu'à Dom-Quichote, & son fidele Ecuyer Sancho Pança, tout ce qu'il y avoit de personnes subtiles comme eux, ne pouvoient s'empêcher de croire qu'il y entroit un peu de sorcellerie. Par malheur une femme de l'Assemblée gâta tout. Elle avoit des marons dans son tablier, que le Singe apperçut. Voilà tout aussi-tôt le charme rompu. Le Singe se jette dessus, quitte le jeu, fait la grimace à son Maître. L'instinct à cet objet l'emporte : Adieu le sortilege.

SENS MORAL.

Ainsi le naturel, si facile à connoître,
Par la porte chassé, rentre par la fenêtre.

D. Quich. t. 3. l. 6. c. 25.
Simia quam similis, turpissima bellua, nobis!
Quidquid infixum & ingenitum est,
Lenitur arte, non vincitur. Senec. Ep. 11.
Ægrè admodum exui hominem, répondit un jour Pyrrhon. Euseb. Præp. Evang. l. 14. c. 18.
Naturam expellas furcâ, tamen usque recurret. Horat.

LES FABLES D'ESOPE. 163

FABLE LXXXV.

D'Esope, suivant Plutarque, vie d'Agésilas.

LA MONTAGNE EN TRAVAIL D'ENFANT.

UNE Montagne alloit accoucher, chose étonnante à voir! Les cris qu'elle poussoit, le concours du monde qui s'étoit rendu au spectacle: tout tenoit les esprits dans une merveilleuse attente. Elle accouche en effet, mais d'une Souris; belle production, & bien digne de la promesse!

SENS MORAL.

Magnifiques projets, dont souvent on se mocque,
Vous menacez Paris, pour prendre une bicoque.

Horace a fait allusion à cette Fable, ou plutôt il l'a toute rendue par ce seul Vers :

Parturient montes, nascetur ridiculus mus : Art. Poët. v. 139.

La Montagne en travail, enfante une Souris. *Despr.* aussi art. Poës.

LES FABLES D'ESOPE.

FABLE LXXXVI.

Auteur inconnu.

LE SERPENT ET LE HERISSON.

POUR duper un Serpent qui avoit quelque petite chose devant lui, & qui étoit assez bien dans ses meubles : Serpent d'ailleurs d'humeur bénigne & bienfaisante, chose rare à son espece, mais qu'il faut croire enfin ; car il se fait du bien par tout. (On en fait bien quelquefois même parmi les Hommes.) Pour duper, dis-je, ce Serpent, un fourbe de Hérisson, gueux, n'ayant ni feu ni lieu, passoit tous les jours pardevant le Reptile, les yeux baissez, l'air contrit, & la contenance modeste. Cela prit le Serpent, qui à la premiere occasion forme le projet de lui faire du bien, de l'assister, même de le retirer chez lui; auxquelles intentions, lorsqu'elles furent déclarées au Hérisson, mon scélérat, alléguant le peu qu'il étoit, s'abaisse, s'anéantit. Tout cela ne faisant, comme c'étoit bien son dessein, qu'irriter le dévot desir du Serpent; ce dernier vous force l'hypocrite d'entrer. Le Hérisson se retranchant d'abord sur ses démérites, se blottit à part dans un coin, n'ose pas souffler; mais s'apprivoisant par degrés, & cessant après un certain temps de se contraindre, il s'étale, prend ses coudées franches, & quand le Serpent étonné veut lui en faire ses plaintes, mon perfide déployant ses traits, & s'en armant tout le corps, oblige son hôte à s'en retirer, & à lui céder ses biens, & sa maison seulement; ce qui étoit tout le sujet de la fourberie.

SENS MORAL.

Ce sujet, à jamais célebre chez Moliere,
Montre quel est Tartuffe, & sa douce maniere.

LES FABLES D'ESOPE. 167

FABLE LXXXVII.
Auteur non connu.

L'OISELEUR DE GOUT DIFFICILE.

UN Oiseleur, méprisant les petits profits, & n'en voulant qu'aux gros, sans vouloir une seule fois tirer ses filets, où d'un seul coup il eût prit vingt petits oiseaux, qu'il ne jugeoit pas dignes de sa colere, attendoit dédaigneusement de derriere un arbre que de plus grands s'y vinssent prendre; mais il n'en vint point, & la nuit approchant, il fallut plier bagage, & voilà sa journée perduë.

LES FABLES D'ESOPE.
SENS MORAL.

On ne veut que le beau : l'on fait le difficile;
Mais Cil, qui de tout mange, est bien le plus habile.

Nam turpe diù manere, inanemque redire.
Vers d'Homere, Iliad. l. 2. v. 298. dont Bayle fait une application fort plaisante, art. de Jean Mainard, note *A*.

FABLE LXXXVIII.

FABLE LXXXVIII.

D'Esope, contée par Babr. 8. de Phedr. l. 81. du Mss. de Planud. 100. de Faërn.

LA SOCIETÉ DU LION, DU RENARD, ET DE L'ANE.

E Lion, le Renard & l'Ane étoient intéressez chacun pour un tiers dans les prises, qu'ils devoient faire à la Chasse. Tombe dans les toiles de l'Ane une assez grosse piece de fauve. Il en donne avis à ses associés de la meilleure foy du monde. Ils viennent. Le Lion fait signe à l'Ane d'en faire la répartition. Le bon Ane, qui

Y

étoit fort pour la justice distributive, fait les parts si égales, que l'une n'avoit pas le moindre avantage sur l'autre. Cette égalité offensa le Lion. L'Ane est jetté sur le côté, & étranglé à l'heure même. Le Lion revient au Renard, & lui commande de faire le partage à son tour. Ce dernier, ne s'en défendant qu'autant qu'il falloit pour faire plus galamment la chose, fait les parts de maniere, qu'il donne presque tout au Lion, & ne retient précisément que ce qui étoit nécessaire pour qu'il ne parût rien d'affecté. Le Lion trouva qu'il sçavoit vivre, lui, & le laissa vivre en effet; ce qui ne fut pas le moindre profit, qui lui revint de cette societé.

SENS MORAL.

Le bon, l'adroit, le fort : quel étrange assemblage !
La Fable aussi fait voir comme alla le partage.

Æqualitas haud parit bellum. Prov. 184. d'Erasm. Chil. 2.

FABLE LXXXIX.

Histoire.

LE RHINOCEROS ET LES ELEPHANS.

QUATRE étourdis d'Eléphans, (je ne sçai si sans moi l'on les eût jamais soupçonnés d'un pareil défaut,) quatre étourdis d'Eléphans, trouvant en leur chemin un Rhinocéros, vont, viennent autour de lui, se détachent, & se rassemblent : tout cela pour chercher noise; mais lui, pesant & armé comme un Cuirassier, va tout droit devant lui, ayant l'œil à tout, & se tenant si bien sur ses gardes, qu'il fut impossible à la troupe hargneuse de l'entamer par le moindre petit endroit.

SENS MORAL.

Heureux! qui, sans éclat se tenant dans son ordre,
Va rondement son train, sans qu'on y puisse mordre.

Secretum iter, & fallentis semita vitæ. Horat. Ep. 18. l. 1.

LES FABLES D'ESOPE.

FABLE XC.
De Phedre.

LE CHIEN DE CHASSE DEVENU VIEUX.

POMPE'E, autrefois le César des Chiens, lorsque dans sa jeunesse il étoit clé de Meute, prenoit la bête corps pour corps, & que dans les plus belles parties de Chasse on ne pouvoit rien faire de bien sans le Chien de Monsieur le Baron tel, à qui il appartenoit; ce même Pompée, devenu lourd & pesant par l'outrage des années, est assommé de coups lorsqu'on s'en sert encore, ou renvoyé au Chenil comme bête inutile. Là, rêvant creux sur ses anciennes prouesses, & sur leur salaire présent, il s'amuse à blâmer l'injustice des Hommes, & est assez bon à son âge de s'en fâcher sérieusement. Il ne sçauroit comprendre, après la vogue où il a été, qu'on puisse le laisser dans un si profond oubli. Mais qu'il sçait mal encore son monde, & à quoi le pauvre animal pense-t-il?

SENS MORAL.

Se prétendre toujours recherché, c'est folie.
On prise le présent, mais le passé s'oublie.

Sic volvenda ætas commutat tempora rerum.
Quod fuit in pretio, fit nullo denique honore. Lucret. l. 5.
Non possunt primi esse omnes omni tempore.
Summum ad gradum cum claritatis veneris,
Consistes ægre, & quàm descendas, decidas.
Cecidi ego, cadet qui sequitur : laus est publica.
Vers de Labérius, Auteur de Mimes, lorsqu'il se vit effacé par P. Syrus, Auteur dans le même Genre. *V. Macrob. Saturn. l. 2. c. 7.*
Au comble parvenus, il veut (le Public) que nous croissions:
Il veut en vieillissant que nous rajeunissions. *Despreaux, Ep.*

LES FABLES D'ESOPE. 175

FABLE XCI.
Auteur non connu.

LE RAT ET L'HUITRE.

UNE belle & grande Huitre humoit l'air sur le rivage, comme Panurge & sa troupe l'humoit de son temps au Pays des Paroles dégelées. Un Rat, friand de Poisson frais, & passant par-là, se jette goulument la tête entre ses deux écailles. L'huitre se resserre, & vous prend le Rat au gosier. Quelqu'un survient & l'assomme par maniere d'instruction, & pour lui apprendre une autrefois à mieux régler ses appétits.

176 LES FABLES D'ESOPE.

SENS MORAL.

Etant tous de nature à convoiter si prompte,
Bien souvent pour tout prix, qu'en avons nous? la honte.

Fait réellement arrivé, & conté dans l'une des Assemblées publiques de l'Académie des Sciences par M. de Tournefort, qui le tenoit de M. Regis.

Vitia erunt donec homines. Tacit.

FABLE CXII.

LES FABLES D'ESOPE. 177

FABLE XCII.
LE LOUP DEGUISÉ EN BREBIS.

CERTAIN Loup, ayant fort le cœur au métier, vieux Loup gris, franc pendart, s'avisa, pour en avoir à quelque prix que ce fût, de prendre la peau de la derniere Brebis, qui lui avoit passé sous la pate, & s'en faisant tant bien que mal un surtout, de se fourer à la premiere occasion qu'il en trouva, dans un troupeau qu'il choisit en grande connoissance de cause. A la faveur de cette ruse, qui lui réussit pendant quelque temps, la dent joüoit son jeu, & le Berger, quelqu'attention qu'il apportât, trou-

178 LES FABLES D'ESOPE.

voit tous les jours du mécompte. Mais un beau jour ayant pris le larron sur le fait, il s'en saisit à l'aide de ses camarades, & son procès lui ayant été fait sur le champ, il est branché haut & court sans préjudice de l'appel.

SENS MORAL.

La guerre excuse tout, & la ruse est un art;
Mais gare cependant la Hart.

LES FABLES D'ESOPE. 179

FABLE XCIII.

98. du Mſſ. 105. de Planud.

LE CHIEN QUI PREND LE CHANGE.

N Liévre & un Renard ne ſont pas deux Liévres: la choſe eſt claire; cependant c'eſt tout un pour le ſujet préſent. En voici la preuve. Ces deux animaux s'étoient rencontrez à un certain détour, & cauſoient enſemble. (Le Renard n'avoit pas faim ce jour là.) Un Chien les apperçoit de loin, & court à eux. Le couple ſe ſépare & chacun s'enfuit de ſon côté, l'un à droite, l'autre à gauche. Le Chien d'abord s'attache au Liévre, qu'il

Z ij

180 LES FABLES D'ESOPE.

quitte auſſitôt pour le Renard. Puis il revient au Liévre. Pendant tous ces mouvemens différens celui-ci gagne ſon terrier, & l'autre ſa tanniere. Ainſi Brisfaut revient ſur ſes pas halletant, l'oreille baſſe, & bien ſot d'avoir ainſi pris le change.

SENS MORAL.

On l'a pû lire en mille endroits,
Il ne faut point courir deux Liévres à la fois.

Prov. 237. d'Eraſme, Chil. 3.

LES FABLES D'ESOPE.   181

FABLE XCIV.

La 14. d'Esope, revient à peu près à celle-ci.

LA CHEVRE ET LE LOUVETEAU.

UNE Chévre, bonne & simple, avoit trouvé en son chemin un Louveteau exposé & sans mere. Aveugle en sa pitié, elle l'emmene, en prend soin, l'allaite. On lui crie de toutes parts : que faites vous ? Arrêtez. Etes vous folle ? Celui, dont vous vous chargez est un vrai Loup, qui quelque jour, pour récompense d'avoir sauvé ses jours, vous ôtera la vie. Tout cela fut inutile jusqu'à ce que les dents de l'animal carnacier commençant à lui demanger, il en fait l'essai sur le sein de son imprudente nourrice. Cette leçon se faisant mieux sentir, que tout ce qu'on lui avoit pû dire, la Chévre le remet où elle l'avoit trouvé, dont bien lui prit pour les suites.

SENS MORAL.

Un ingrat, commençant de même qu'il achéve,
Ronge le propre sein de celui, qui l'éléve.

LES FABLES D'ESOPE. 183

FABLE XCV.

D'Esope, contée par Babr. v. Suid. in v. ἵππα.. 134, du Mss. 125. de Planud. 7. de Faërn. l. 4.

LE CHEVAL ET L'ASNE.

N Cheval & un Asne faisoient voyage de conserve, cela sous le bon plaisir de leur maître, qui les suivoit de près, & pour qui dans la vérité se faisoit la corvée. L'Asne étoit trop chargé, & le Cheval très peu. Dans le chemin le premier s'approche de l'autre, & lui dit *en l'oreille* : camarade, je ne puis aller loin : ma charge est excessive. Si tu voulois bien en

prendre une partie. A cela le Rouſſin tourne la tête d'un autre côté, & fait la ſourde oreille. A quelques pas de-là l'Aſne, qui ſe ſentoit défaillir, reprend la parole, & dit encore au Cheval: la priere que je vous fais eſt ſérieuſe, & je ſens tout de bon que je vais reſter à la place. Pour réponſe le Cheval ſecouë la tête, & vous fait une pétarade. L'Aſne ſe traîne encore un bout de chemin, puis il tombe par terre, & crêve. Le voiturier, qui n'avoit rien entendu de toute cette converſation, ſe jette à la bride du ſurvivant, lui met toute la charge du pauvre défunt ſur le dos, & qui plus eſt, ſa peau, qu'il y ajoûte encore.

SENS MORAL.

Voiſins, amis, parens, il faut ſe ſecourir:
Le mal, que l'on partage, eſt moins rude à ſouffrir.

Il ne faut pas paſſer un lieu, où un Ane eſt ſuccombé ſous le fardeau; précepte ſymbolique de Pythagore, qui ſignifie qu'il faut aider ſon prochain, lorſqu'il eſt dans l'embarras. *Le Clerc, Bibl. Choiſ.* T. X.
Nam tua res agitur, paries cum proximus ardet. Horat. Epiſt. 17. lib. 1.

FABLE XCVI.

LES FABLES D'ESOPE. 185

FABLE XCVI.

D'Esope, suivant Aristote, qui la raconte en entier, & nous en apprend le sujet. Rhet. l. 2. c. 20. Elle est la 18. de Faërn. l. 4.

LE RENARD PRIS DANS UN PIEGE, ET PIQUÉ DES GUEPES.

EH! je me meurs, disoit un Renard pris dans un piége, où pour comble de maux (mille Guêpes de leurs aiguillons envenimés lui perçoient le corps pour en sucer le sang d'une maniere impitoyable). Eh! je me meurs, disoit-il à un autre Renard, qui, passant par là, étoit accouru à ses

A a

cris : approche toi de moi, Emouche, compere, émouche bien fort, & me délivre enfin de ces insectes détestables. Je m'en garderai bien, répondit l'autre, qui étoit de ses amis ; car si j'écarte ceux-ci, qui sont plus d'à demi remplis, il leur en succedera d'autres à jeun, avec lesquels tu n'en feras encore qu'à recommencer : tu comprens bien les conséquences.

SENS MORAL.

Ici figurons nous tant d'Abbés gros, & gras :
L'Ordre crie, on les change, & l'on n'y gagne pas.

LES FABLES D'ESOPE. 187

FABLE XCVII.

Revient à celle de l'Agneau, qui brave un loup, parce qu'il est en sûreté. D'Esope, contée par Babr. qu. Gr. & Suid. inv. τρίχος. 139. de Planud.

LE LIEVRE INSOLENT.

PARCE qu'un jeune fol de Lievre se trouvoit séparé du Léopard par une méchante haye, il osoit l'insulter, se mocquer de lui, & lui dire des paroles piquantes. Roseau fragile, foible appui ! Le Léopard pousse la haye, qui tombe par terre, & mon étourdi est happé, & avalé en une seule bouchée.

Aa ij

LES FABLES D'ESOPE.
SENS MORAL.

Les Grands frappent de loin, mais pour fuir leur colere,
On n'a qu'à ne leur point déplaire.

FABLE XCVIII.

D'Esope, ayant été contée par Babr. suivant les qu. Gr. 18. de Phed. l. 3. 28. d'Avien. 13. d'Apht. 28. de Faërn. l. 11. Modele de la 18. d'Abstem.

LE PAON ET JUNON.

L'OISEAU de la Reine des Dieux, le Paon faisant comparaison de son cri mal gracieux avec la voix charmante du Héraut du Printemps, du Rossignol, pour le dire sans figure, se trouvoit le plus malheureux des Oiseaux, & refermant avarement toutes les différentes richesses de sa queuë, se cachoit aux yeux des humains, ne pouvoit se souffrir lui-même. Il fallut que Junon prit la peine de lui remettre l'efprit en lui faifant faire attention à la beauté de fon plumage, avantage, que le Roffignol n'avoit pas, mais qui avoit la voix en récompenfe; toutes chofes ainfi fagement difpenfées par la nature pour dédommager chaque efpece de ce que les unes poffédoient au-deffus des autres. Cette leçon étoit belle affûrément, & affez longue pour un Oifeau; mais on fçait comment l'Epoufe du Maître des Dieux harangue ordinairement. Et d'ailleurs fi quelqu'un de nous eft affez fage pour s'appliquer cette inftruction, à la bonne heure, qu'il en profite.

SENS MORAL.

Mortels en vos talens l'un de l'autre envieux,
Apprenez que le Ciel a tout fait pour le mieux.

Alienum nobis, noftrum plus aliis placet. P. Syr.
Nifi fapienti fua non placent:
Omnis ftultitia laborat faftidio fui. Senec. Ep. 9.
Tanta mortalibus rerum fuarum fatietas eft, & alienarum aviditas. Plin. Hift. nat. l. 24. 3. c. 1.
Camelus cornua appetens, etiam auribus orbata. Prov. rapporté par Nicéphore Grégoras. Hift. Byzant.

LES FABLES D'ESOPE. 191

FABLE XCIX.
Auteur non connu.

LE CHASSEUR ET LE CHEVREUIL.

N Chasseur ardent avoit de route en route, de défilé en défilé, réduit un Chevreuil au point de ne lui pouvoir échaper. L'animal rendu lui demandoit quartier, en lui remontrant qu'il devoit se contenter de la gloire de l'avoir forcé jusque dans ses derniers retranchemens. A cela nulle réponse de la part du Chasseur, qui étoit bien résolu de pousser sa pointe jusqu'au bout. La scene se passoit sur le haut d'un rocher très-escarpé. Le Chevreuil en

192 　LES FABLES D'ESOPE.
cet état perdant toute espérance, prend son parti : s'élance la tête la premiere sur le Chasseur, à qui le pied glisse, & tout les deux roulans longtemps entre les rochers, arrivent déchirez misérablement au fond du précipice.

SENS MORAL.

Sages dans nos succès, craignons de les outrer :
* *Désarmons les vaincus sans les désespérer.*

Quondam etiam victis redit in præcordia Virtus,
Victoresque cadunt. Virg. Æneid. l. 2. v. 367.
Multùm enim adjicit sibi virtus lacessita. Senec. Ep. 13.
* Racine, Alexandre.

FABLE C.

LES FABLES D'ESOPE. 193

FABLE C.

D'Efope, ayant été contée par Babr. fuiv. les qu. Gr. 33. d'Apht. 47. du Mff. 24. de Planud. & de Locm.

LA POULE AUX OEUFS D'OR, ET SA MAITRESSE.

UNE femme avoit une Poule, qui lui pondoit tous les jours un Œuf d'Or. Mais fi je la tuois, dit-elle en elle-même, je n'aurois que faire d'attendre fi longtemps, & ma fortune feroit faite. Auffi-tôt fait, que dit. La Poule eft tuée : on l'ouvre. Ne lui trouvant rien de ce qu'on fe promettoit, on s'arrache les cheveux. On fait

Bb

la forcenée. Le repentir venoit un peu à tard : la sotise étoit faite.

SENS MORAL.

On gâte souvent tout par trop d'empressement,
Et la fureur d'avoir trouble le jugement.

Qui autem festinat ditari, non erit innocens. Salom. Prov. c. 28. v. 20.
Nimirum quia non cognovit quæ sit habendi finis. Lucret. l. 5.
Habere nos putamus, habemur. Senec. Ep. 8.

LES FABLES D'ESOPE.

FABLE CI.

Auteur non connu.

LE CERF PRIS DE VIN.

N élevoit un Cerf dans un Logis. Le Cellier se trouvant ouvert, & les Caves pleines, il boit à même, trouve le Vin bon, en prend sans retenuë, & jusqu'à perdre la raison, (c'est le beau de cette Fable qu'un Cerf perde la raison.) Yvre à ne pouvoir se soutenir, il chancelle, tombe, & se casse une jambe. En cet état il a recours aux pleurs, se livre aux réflexions, & promet, s'il en

Bb ij

revient, de n'y retourner de sa vie. Qu'auroient fait de plus plusieurs d'entre nous en pareil cas ; si ce n'est de promettre comme lui, se faire panser, guérir, oublier tous leurs projets d'amandement, & recommencer de plus belle.

SENS MORAL.

Le Vin comme un serpent se glisse autour des cœurs,
Et de mortels poisons corrompent ses douceurs.

Vinum ad ultionem hominibus datum est ut insaniant. Plat. de leg. l. 2.

Vitem uvas tres ferre, primam voluptatis, secundam ebrietatis, tertiam mœroris. Dit notable d'Anacharsis dans Diog. Laërc.

Ebrietas, quæ unius horæ hilarem insaniam longi temporis tœdio pensat. Senec. Ep. 39.

Ingreditur blandè, sed in novissimo mordebit ut coluber, & sicut regulus venena diffundet. Salom. Prov.

LES FABLES D'ESOPE.

FABLE CII.

70. du Mss. 66. de Planud.

L'ASNE ET LE LION.

N Lion fuyoit au cri du Coq, (c'est son antipathie,) un Asne par là ne douta pas un moment que ce ne fut à cause de lui. Le voilà donc qui se fait tenir à quatre : s'échape enfin, court après le Lion, qui dès qu'il fut hors de la portée du chant du Coq, se retourne tranquillement, & en un instant vous étrangle le Baudet, qui ne pouvoit plus s'en dédire.

LES FABLES D'ESOPE.
SENS MORAL.

Laissons vivre en repos les gens :
Bien fol, qui fait ici le brave à ses dépens.

Galeatum serò duelli pœnitet. Juven. Sat. 1. v. 168.
Leonem stimulas. Prov. 62. d'Erasme, Chil. 1.

LES FABLES D'ESOPE. 199

FABLE CIII.

Auteur non connu.

LE SINGE EL LE PERROQUET.

DEUX Singes sont, rivaux de caractere,
Vrai Singe l'un, Bertrand, premier du nom :
L'autre aussi fol, c'est Perroquet mignon :
Singe en babil, un fat n'en manque guére.
Fidele écho de tout ce qu'il entend,
Il redit tout, bien ou mal, il n'importe :
Qui d'entre nous souvent n'en fait autant ?
Quant à Bertrand, Singe de l'autre sorte,

LES FABLES D'ESOPE.

Il va, revient, capriolant, sautant,
Grattant son dos, aux gens faisant la figue,
Copiant tout, assez mauvais métier,
Qui met souvent le Copiste en intrigue,
Comme le fait va le justifier.

Gens se baignoient aux bords de la Tamise,
Où de l'Euphrate, (à quoi le nom sert-il?)
Mon Perroquet s'éveille, & son babil
Lui fait près d'eux dire mainte sotise.
Bertrand fait pis : il voit une chemise,
Court, s'en saisit, la passe entre ses bras.
On l'apperçoit, grand est son embarras.
Le linceul tient, l'inepte Bête est prise.

SENS MORAL.

Au dire d'un Prélat*, qu'à bon droit on renomme,
De ces deux Animaux on fait un fort sot homme.

* M. DE FENELON, Archevêque de Cambray.

FABLE CIV.

LES FABLES D'ESOPE.

FABLE CIV.

29. d'Esope, & contée par Babr. 8. de Phedre, l. 1. 25. d'Apht. 56. de Faërn.

LE LOUP ET LA GRUE.

UN Loup, à qui il étoit resté du dernier repas qu'il avoit fait, un os de travers dans la gorge, appelle sa commere la Gruë, qui passoit par là justement ; lui montre son mal, la prie d'y travailler, promet de la contenter, & tout cela par signes. La Gruë sonde la playe avec son long bec, entreprend la cure, en vient à bout, tend la pate par derriere, demande son salaire. Ton salaire! répond le Loup, à moi, qui dans l'inftant ai pû te couper le col avec les dents que voici : Ton falaire ! Mais il faut que je fois bien bon........ Impertinente, hors d'ici, ne vous le faites pas redire.

SENS MORAL.

Les Méchans, race de Vipere,
Font bien de tout le mal, qu'ils ne veulent pas faire.

LES FABLES D'ESOPE. 203

FABLE CV.
Auteur non connu.

LE SERPENT ET LES DIEUX.

AUX Nôces d'Hercule & d'Hebé, (beau sujet d'Opera pour l'hyver prochain,) tout étoit en joye dans les Cieux, tout fumoit d'encens sur la Terre. Chaque Autel étoit chargé de dons, & le moindre génie se trouvoit accablé d'offrandes. A quelle fin tout cela, de la part de nous autres humains? Etoit-ce pour obtenir des Dieux de devenir meilleurs, moins noirs dans nos projets, moins coupables dans nos

Cc ij

actions: ou plutôt pour faire fléchir la sainte rigidité du Ciel, entrer, s'il étoit possible en accommodement avec lui: le rendre complice de nos crimes? C'est à quoi Jupiter rêvoit avec douleur, & faisant part de ses réflexions aux Dieux de sa Cour, la chose leur devint encore plus sensible, quand ils virent de loin un Serpent à regard sombre & embarrassé venir, en se glissant par cent détours obliques, leur apporter aussi son présent. Eux seuls sçavoient dans quelle vuë. Mais quel cas en fit-on? Celui qu'il méritoit: & le présent fut rejetté avec l'horreur duë à tous dons empoisonnés, que l'on employe pour nous corrompre.

SENS MORAL.

Il est une avare largesse :
Que de foibles vertus en proye à son adresse !

Da mihi fallere, da justum sanctumque videri.
Noctem peccatis, & fraudibus objice nubem. Hor. Ep. 16 l. 1.
Preceposcis emaci quæ, nisi seductis
Nequeas committere Divis. Pers. Sat. 2.
Permittes ipsis expendere numinibus quid
Conveniat nobis, rebusque sit utile nostris.
Nam pro jucundis aptissima quæque dabunt Di.
Carior est illis homo quàm sibi. Juven. Sat. 10 v. 347.

LES FABLES D'ESOPE.

FABLE CVI.
LE RENARD ET LE LOUP.

LE Renard vouloit se défaire d'un Loup, qui se sentant sur le retour, ne songeoit plus qu'à devenir Loup d'honneur, Loup de bien : à vivre doucement de ce qu'il avoit amassé, (sujet de l'envie du Renard,) ce dernier, qui se donnoit pour l'un de ses meilleurs amis, va trouver un laboureur du voisinage : lui dit qu'il y a un beau coup à faire, le Loup à prendre sans danger, & par les oreilles. Le Paysan qu'il instruit de tout, prend un levier, adresse ses pas à l'endroit indiqué, tombe sur le Loup, qui ne se met pas seulement en défense, vous le tuë sur la place : & le Renard par droit d'aubaine se met en possession du petit fait du défunt. Il n'en jouit pas long-tems ; car le même jour les Chiens de la ferme, à qui l'on n'avoit rien dit du complot, le rencontrent à un détour, le poursuivent, l'atteignent, & vous l'étranglent net, digne prix de sa perfidie !

SENS MORAL.

Qu'ainsi, pour nous instruire, & vanger l'innocence,
Tout imposteur puni trouve sa récompense !

Qui fodit foveam, incidet in eam. Sal. Prov. c. 26. v. 27.
Rarò antecedentem scelestum deseruit pede Pæna claudo. Hor. Od. 2. l. 3.
Malum consilium consultori pessimum. Varro de re rustic. l. 3. c. 22.
Mauvais conseil ne nuit tant à personne,
Qu'il fait toujours à celui qui le donne.
Vers d'Hesiode de la traduct. d'Amyot dans son Plut. man. de lire les Poëtes.
Que désormais autant en puisse prendre
A qui voudra telle chose entreprendre,
Vers d'Homere de la même traduction, & employé par Scip. l'Affric. à l'occasion de la mort de Tib. Gracchus. *Voyez Plut. Vie de Gracchus.*

LES FABLES D'ESOPE.

FABLE CVII.
LE CHEVAL QUI PORTE LES PROVISIONS ET MEURT DE FAIM.

N pauvre here de Cheval servoit dans une grande Maison, & son emploi étoit de porter les provisions de bouche, (on n'avoit pas encore inventé les surtout,) on le voyoit donc par les chemins chargé de ce qu'il y avoit de plus rare en volaille & en gibier. La charge étoit exquise ; mais de quoi tout cela lui servoit-il ? N'ayant souvent pour pitance, que quelques mauvaises herbes, qu'il attrapoit en passant, tandis que d'autre part les coups

208 LES FABLES D'ESOPE.
ne lui manquoient point. Cet ordinaire continuant, il ne fallut pas laisser, que de mourir un beau jour de mallefaim. Bonne condition !

SENS MORAL.

En cette vie il n'est que peine ou que bonheur ;
Mais on n'en est pas mieux pour être à grand Seigneur.

FABLE CVIII.

LES FABLES D'ESOPE.   209

FABLE CVIII.
LE PAON, LA PIE, ET LES AUTRES OISEAUX.

IL s'agissoit parmi les Oiseaux de procéder à l'élection de leur Roi. La Diéte générale étoit convoquée à cet effet, & leur assemblée se tenoit en pleine campagne. Cent sujets d'un mérite distingué en tout genre se montroient dignes de la couronne ; mais le Paon déployant avec pompe toutes les beautés de sa queuë, la populace en est éblouie, & l'éleve au Trône tout d'une voix. La Pie envain, avec quelques autres oiseaux plus sensez, veut

LES FABLES D'ESOPE.

s'y opposer, & faire ses remontrances : on ne l'écoute point : la pluralité des voix l'emporte, & il faut céder au torrent.

SENS MORAL.

Le Peuple volontiers se prend par le plumage;

Mais il faut autre chose au sage.

Populo, qui stultus honores sæpè dat indignis. Hor. Sat. 6. L. B.
Est turba semper argumentum pessimi. P. Syr.

FABLE CIX.

6. du Mff. 7. de Planud. 10. de Faern. l. 4.

LE RENARD SANS QUEUE.

POUR se tirer d'un piége, où il s'étoit laissé prendre comme un sot, un Renard autrefois se trouva encore bien heureux d'y laisser sa queuë pour les gages ; mais le péril & le mal passez, quand il vint à se considérer, il fut au désespoir de se voir si laidement *accoutré*, & rêvant la-dessus, il lui vint une idée ; ce fut de proposer aux autres Renards de se défaire chacun de sa queuë comme d'un

212 LES FABLES D'ESOPE.

meuble inutile, & sujet à mille inconvéniens : ce qu'il exécuta dans la premiere assemblée, qui se tint parmi eux, & il y mit toute sa réthorique. L'un des plus anciens l'interrompant lui, dit brusquement : Renard mon cher frere & mon ami, si vous aviez encore votre queuë, vous ne vous occuperiez pas de ce qui peut regarder les nôtres. Nous les garderons donc, & le plus long-tems que nous pourrons. A ces mots il se leve avec le reste de l'assemblée, qui sort en riant, & ils vous laissent tous le pauvre donneur d'avis avec sa courte honte.

SENS MORAL.

Cachez moi l'intérêt, qui meut votre dessein,
Si vous ne voulez pas patrociner en vain.

FABLE CX.

D'Ésop. contée par Babr. qu. gr. 12. d'Avien. 181. du Mss. 132. de Nevel. employée par Procop.

LE BELLIER ET LE TAUREAU.

UN Bellier fanfaron, la coqueluche des Dames de son troupeau, n'imaginoit rien qui le valût, & cherchoit noise à tout le monde, jusque là, qu'il eut bien l'impertinence un jour d'insulter un Taureau passant, & de lui demander de faire assaut de cornes ensemble. Mais à qui s'adressoit-il, je vous prie? Aussi dès la premiere botte, tac, il a son petit fait, & voilà mon présomptueux mort, & qui n'attend plus qu'une Epitaphe.

SENS MORAL.

Il ne faut pas être poltron ;
Mais la témérité n'apporte rien de bon.

Aut minus animi, aut plus potentiæ. Prov. 178. d'Erasm. Chil. 2.

LES FABLES D'ESOPE. 215

FABLE CXI.

D'Esop. ayant été contée par Babr. suiv. les qu. gr. 44. de l'Anon. 126. du Mss. 109. de Planud.

LA CHAUVE SOURIS ET LES AUTRES OISEAUX.

LEs animaux autrefois tant ceux qui s'élevent en l'air, que ceux qui marchent sur la terre, s'assemblérent dans une grande plaine, résolus de se battre à outrance, & cela pour la gloire, grand sentiment ! dans ce dessein chacun se range avec les animaux de son espece, les

Oiseaux d'un côté, & les quadrupedes de l'autre. La seule Chauve Souris ne voulant se broüiller avec aucun des deux partis, vit le combat de loin sans se déclarer ni pour ni contre personne. Mais qu'arriva-t'il de ce ménagement? C'est qu'après la bataille, qui ne décida rien pour cette fois, elle fut vûë également de mauvais œil par les uns & les autres des combatans. Et depuis ce temps, lorsqu'elle veut user de ses prérogatives d'oiseau, ce n'est que tout au soir, & quand l'ombre tient les autres ensevelis dans le sommeil. Lui plaît-il une autre fois de se tenir sur ses pieds? lâchez lui le moindre chat, vous verrez comme il s'y trompe.

SENS MORAL.

On ne peut trop blâmer & la ligue, & la fronde;
Mais qui n'est pour personne, offense tout le monde.

Quorum nemo alterum offendere audebat, nisi ut alterum demereretur. Senec. Ep. 104.

FABLE CXII.

LES FABLES D'ESOPE. 217

FABLE CXII.

LA CIVETTE ET SA MAITRESSE.

UNE jeune personne avoit une Civette, qu'elle combloit de ses bontés... Elle en faisoit ses délices. Que lui demandoit-elle en revanche ? Un peu de musc dans le tems qu'elle prendroit, & à son aise. Ce temps ne venoit jamais, & sa maitresse n'en recevoit, que les plus mauvaises excuses. S'en lassant à la fin, on l'enchaîne dans le moment. Voilà ma bête indocile, qui fait tout ce que l'on veut, & même au-delà. Bon naturel, & per-

E e

218 LES FABLES D'ESOPE.
sonnes bien raisonnables, que celles, qu'il faut assommer de coups pour avoir leur amitié !

SENS MORAL.

De l'Ane, du Noyer, de femme accariâtre
On n'en peut obtenir rien de bon sans les batre.

Quod vos jus cogit, id voluntate impetret. Terent. Adelph. Ac. 3. sç. 5.
Ducunt volentem fata, nolentem trahunt. Senec. Ep. 107.
Suivons le devoir, il nous mene;
Mais résistons, il nous entraîne.
Vieux distiq. qu'on trouve dans Bayle. Rép. au Provinc. 2. t. c. 43.

LES FABLES D'ESOPE.

FABLE CXIII.
L'ELAN ET L'HOMME.

CERTAIN homme trouvant un jour un Elan dans son chemin, voulut lui persuader de quitter les bois, séjour indigne de lui, de venir à la Ville endosser la fourrure, & se faire Médecin : qu'il étoit le premier animal du monde pour guérir de certains maux incurables, désespérez... Moi ! interrompit l'Elan, je suis le premier animal du monde pour guérir quelqu'un ! sans doute, repliqua l'homme. Je veux être pendu si je le sçavois, reprend l'Elan. Mais de quoi s'agit-il, & que faut-il faire, ajoute

LES FABLES D'ESOPE.

l'Elan? Une petite bagatelle, répond l'homme: vous laisser seulement couper un de vos pieds de derriere. C'est un spécifique immanquable contre ce mal, qu'on nomme Epilepsie.... Vous ne manquerez pas un de vos malades. Me laisser couper le pied, reprit brusquement, l'animal sauvage! mais voilà un vilain compliment. Oh! les hommes peuvent se guérir eux-mêmes: je suis leur serviteur: & en donnant des deux il entre dans le fort du bois, & voilà un Médecin de moins au monde.

SENS MORAL.

Se tuer pour tout autre! on est fol: & pourquoi ?
*C'est trop peu pour Admete, & c'est beaucoup pour soi.

* Alceste, Opera.

LES FABLES D'ESOPE.

FABLE CXIV.

Platon à ce sujet raconte une Fable, qu'on a transcrite à la fin du présent recüeil.

LE LION ALLANT EN GUERRE.

E Lion avoit formé le dessein de quelque grande expédition; ordre en conséquence à tous ses sujets de se rendre au camp qu'il avoit marqué, on vit avec l'Ours indompté, le Taureau furieux, & le sanglier terrible, paroître entr'autres guerriers suspects, l'Ane aux longues oreilles, & le Lievre timide. Quelqu'un du conseil de guerre riant indiscretement, & se trouvant disoit-il, quelque

peu en peine de l'emploi assez important, qu'on pourroit confier à ces deux champions ; quel emploi ? répondit le Lion. Premierement, à l'égard de l'Ane, comme il a la voix forte & haute, je prétend qu'il nous serve de Trompette. Pour le Lievre avec sa vitesse pouvons nous jamais choisir un meilleur courrier ? A cette réponse tout le monde se tût, & convint que le moindre sujet, appliqué selon son talent, peut fort bien tenir son coin, & ne pas rester inutile.

SENS MORAL.

L'habile homme, le sage Roy
Sçait trouver à chacun son poste, & son emploi.

FABLE CXV.

Phedr. 26. l. 1. l'Anon. 33.

LE RENARD ET LA CICOGNE.

LE Renard voulant rire, pria un jour la Cicogne à dîner, & lui servit pour tout potage, de la boüillie fort claire sur une assiette très plate. Elle en mangea peu, & pour cause. Comme elle entend raillerie, elle ne dit mot ; mais elle invite à son tour le Renard à manger chez elle. Il y vient, & l'hotesse avec grande civilité fait mettre devant lui un ragoût excellent, mais servi dans un bo-

LES FABLES D'ESOPE.

cal au col le plus long & le plus étroit qu'elle eut pû trouver. Elle dîna elle cette fois parce qu'elle a bon & long bec, qui atteignoit au fond & sans peine. Pour le Renard, qui tournoit au tour du pot, il fallut qui'l se contentât pour sa réfection de l'odeur, & de la fumée.

SENS MORAL.

Autant vous en pend à l'oreille,

Trompeurs: vous vous devez attendre à la pareille.

Fraus est concessa repellere fraudem. Ovid. de Art. amand. l. 3.
Ab alio expectes alteri quod feceris. P. Syr.

FABLE CXVI.

LES FABLES D'ESOPE. 225

FABLE CXVI.

D'Esope suiv. Plutarq. banq. des sept sages. 83. du Mss. 140. de Plan.
12. de Faern. l. 1.

LE MULET GLORIEUX ET PUNI.

UN sot animal de Mulet, content de sa figure, & soûriant à son mérite, se cantonnoit dans une écurie, regardant les Chevaux qui y étoient, pardessus l'épaule. Quelqu'un du haras à la fin ; mais voilà, s'écria-t'il, un impertinent visage. Sçait-il bien d'où il vient avec ses airs fendans, & qu'il n'a qu'un Ane pour pere ?

F f

Notre Baudet l'entendit,
Se tut, chauvit de l'oreille,
Tint son petit fait pour dit.

SENS MORAL.

Un spectacle à mon sens d'un mérite infini,
C'est de voir ici bas un glorieux puni.

LES FABLES D'ESOPE. 227

FABLE CXVII.
LE TAUREAU SAUVAGE ET LE LION.

ANS une assemblée tumultueuse de quelques animaux mal conseillez, le Taureau sauvage fut un jour élû Roy. Le Lion l'apprend, part, arrive, l'attaque, & lui ôte la vie. Par cet exemple si prompt les factieux se dissipent, & chacun rentre en son devoir.

F f ij

SENS MORAL.

Le Lion est un Maître Sire :
N'usurpons point ses droits, qu'il n'ait rien à nous dire.

LES FABLES D'ESOPE. 229

118e. fab.

FABLE CXVIII.

D'Esope contée par Babr. qu. Gr. 16 d'Avien. 36. d'Apht. 59. du Mss. 143. de Planud.

LE CHESNE ET LE ROSEAU.

PLEIN de grands sentimens, & débitant ses maximes hautaines, un Chêne voisin des Cieux regardant en pitié du haut de sa cime un Roseau, qui étoit à ses pieds : Petit atôme, lui dit-t-il, jonc fragile, qui ne sçaurois porter le moindre oiseau, dis-moi de bonne foi quel est le personnage, que tu fais en ce monde ? Joüet éternel du vent le plus leger, tu te courbes au premier soufle ; tandis que moi bien

avant dans les airs, j'y brave les aquilons, j'y fais tête aux orages. Le Roseau à tout cela répondoit modestement, convenoit de tout; mais il ajoûtoit cependant qu'il avoit oui dire à quelqu'un, dont le nom ne lui revenoit pas pour lors, que tant de roideur étoit bien souvent à charge, nuisible même : Enfin, pour le rendre dans ses propres termes, qu'il valloit mieux plier, que rompre. Il n'eut pas achevé, que le proverbe fut justifié; car en un instant le temps change. Le Ciel se couvre, & d'un golphe voisin s'avance en mugissant l'un des plus furieux borées, que la Norvege enfante. Tout se plaint, tout gémit : & le Roseau à l'ordinaire, de céder au choc, de s'incliner onctueusement de toute son étenduë : tandis que le Chêne obligé de soutenir la gageûre, s'affermit fortement sur ses racines, se présente de front au tourbillon, qui s'irritant par l'obstacle, redouble, & brise l'arbre orgueilleux, qui tombe avec éclat, tandis que le frêle Roseau se releve & subsiste.

SENS MORAL.

Ce qu'on veut dire ici, s'entend sans Interprete,
Trop de roideur nous nuit : fin, très-fin, qui se prête.

LES FABLES D'ESOPE. 231

FABLE CXIX.

9. d'Avien. 57. du Mss. 103. de Nével.

LES DEUX AMIS, ET L'OURS.

UN Homme voyageant avec un de ses Amis, ou du moins se disant tel ; ce dernier lui faisoit mille protestations d'amitié, éternelle, à toute épreuve ; quand un Ours sortant tout à coup d'un bois voisin, mon faiseur de protestations abandonne l'autre, se jette agilement à un arbre, se guinde en haut, & laisse son Ami, qui se ressouvenant par bonheur de ce qu'il avoit entendu dire de la délicatesse de l'Ours qui

232 LES FABLES D'ESOPE,
ne touche à rien de ce qui est sans vie se laisse tomber par terre, retient son haleine, contrefait le mort, & par là échape à la dent de l'animal vorace, qui à la fin se retire. Celui, qui étoit sur l'arbre, descendu après son départ, & demandant à l'autre par une froide raillerie ce que l'Ours, en le retournant tant de fois, lui avoit dit à l'oreille : que ce qui nous marque le véritable Ami, répondit-il, c'est quand il ne nous abandonne pas dans l'occasion : & en même temps il lui tourne le dos, & le quitte.

SENS MORAL.

Avec nombre d'Amis belles offres, grand soin :
Ils ne vous manqueront, croyez-moi..... qu'au besoin.

Inde amici fugiunt ubi probantur. Senec. Epist. 9.
Ceux, qui de tels amis perdent, en rient,
Et qui en ont, de les perdre aux Dieux prient. *Plut. d'Amyot, de la plural. des Amis.*

FABLE CXX.

LES FABLES D'ESOPE. 233

FABLE CXX.
LES SIRENES.

HOMERE n'est pourtant pas si ridicule, qu'on a voulu le rendre au commencement de ce siecle. (Fureur qu'on a tournée depuis contre nos plus illustres Modernes, afin qu'il n'y eût rien, qui pût échaper à la jalouse critique.) C'est à ce grand génie, qu'entre autres découvertes nous devons celle de l'Isle des Sirenes. Ainsi même à l'égard de ces sortes de fictions Esope pourroit bien n'avoir pas sur lui tout l'avantage, qu'on lui donne après sa mort dans ces Entretiens si pleins d'esprit, qu'on leur prête

Gg

LES FABLES D'ESOPE.

en l'autre monde *. Quoiqu'il en soit, les Sirenes qui habitent sur le bord de la Mer dans une prairie agréable, ont une voix séduisante, à laquelle il est impossible qu'on ne se rende dès qu'on ose l'écouter; mais c'est un plaisir funeste, & toujours suivi du naufrage. Le seul secret pour s'en garantir, c'est de se boucher bien fort les oreilles, & de passer tout le plus vîte qu'on peut, près de ce dangereux rivage. Malheur! à qui s'y arrête un moment en présumant trop de ses forces.

SENS MORAL.

Fuyez sans regarder, c'est par la seule fuite,
Qu'on peut des Passions éviter la poursuite.

---

* Dialogue des Morts.

Sapiens eris, si clauseris aures, quibus coram parum est obdere. Firmiori spissamento opus est, quàm usum in sociis Ulyxem ferunt. Senec. Epist. 31.

Atque Ulyxeas, ut ferunt, ceras auribus figens fugit adversùm vitia surdus. Sidon. Apollin. Ep. 6. l. 9.

Syrenum voces, & Circes pocula nosti. Hor. Ep. 2. l. 1.

V. Bayle, Note. L. IV art. de Fontevrault, & Note G. de l'art. de Lucr. de Gonzague.

FABLE CXXI.

D'Esop. contée par Babr. suiv. les qu. gr. 14. d'Apht. 76. du Mss. 25. de Nevel.

LES CICOIGNES ET LE LABOUREUR.

DES Cicoignes prises dans des filets, demandoient la vie à celui qui les avoit tendus : quel tort lui avoient-elles jamais fait ? quel tort étoient-elles capables de lui faire ? Elles ne touchent à rien de tout ce qu'il pouvoit avoir semé. Leur compléxion les porte à se nourrir de tout autre aliment. Le feroient-elles ressouvenir de tous les services effectifs, qu'elles rendent aux hommes ?.....

* *A ces beaux argumens, à ce discours profond*
Ce que Pantagruel à Panurge répond ;

C'est-à-dire que le Laboureur, qui les tenoit, n'est touché, que du dommage, qu'il reçoit tous les jours par le fait de la gent volatile, qui mange son grain, & dans ce cas Grec ou Troyen, tout est un pour lui, & doit lui répondre de sa perte. La distinction ainsi écartée, il tuë nos pauvres harangueuses, & cela tant pis pour elles.

SENS MORAL.

L'homme à qui l'on fait tort, de tout se sent capable,
Et souvent l'innocent pâtit pour le coupable.

* Mol. Ec. des femmes.

FABLE CXXII.

124. du Mſſ. 103. de Nevel.

LE JEUNE LIBERTIN ET L'HIRONDELLE.

UR la foi d'une Hirondelle hâtive, & trompée par quelques premiers beaux jours, un Libertin à la fin d'un Hyver joüa ſon habit, qu'il perdit : le voilà en chemiſe. Le vent change, & ſe remet au Nord : le froid ſe fait ſentir de nouveau avec une rigueur inſupportable. Notre Libertin en cet état, tremblotant & tranſi de froid va chercher l'Hirondelle, qu'il trouve étenduë à terre, lui fait mille reproches ſur ce qu'il enduroit, comme ſi dans

la vérité elle en eût été la cause : il vomissoit contre elle cent imprécations, cent injures ; mais il les disoit au vent, la pauvre bête n'étoit déja plus. Pareille fin l'attendoit lui-même sans le secours d'une grange, & de quelques personnes charitables, qui voulurent bien en prendre soin malgré son imprudence.

SENS MORAL.

Ne nous réglons point sur les autres,
Les sotises d'autrui n'excusent pas les nôtres.

Ver enim nec una hirundo facit, nec unus dies. Arist. Morales l. 1. c. 7.

LES FABLES D'ESOPE. 239

FABLE CXXIII.
LE COUCOU ET LE MILAN.

LE Coucou d'humeur sobre & frugale se contente de vermisseaux à ses meilleurs repas; ainsi rien à craindre pour lui par le fait de l'intempérance. Pour le Milan, ce gros *Milourd* il lui faut avec nos volailles les plus fortes piéces de Gibier, quand il en trouve. Mais que lui arrive t'il? C'est qu'un beau jour, s'abandonnant sans réflexion à son appétit gourmand, il donne dans un piége, où il est pris comme un sot ; tandis que le Coucou a la clef des champs, & s'en retourne à son petit ménage.

SENS MORAL.

On veut grande chere, & bon feu;
Mais le bonheur dépend de se passer de peu.

Serviet æternùm, qui paruo nesciet uti. Hor. Epod. Ode 2.
Nec pol profecto quisquam sine grandi malo
præquàm res patitur, studuit elegantiæ. Plaut.
Magna pars libertatis est benè moratus venter. Senec. Ep. 123.
Que faut-il plus à l'homme, transitoire,
Que pain & eau pour manger, & pour boire?
Vers d'Euripid. traduct. d'Amyot dans son Plutarq. contre les Stoïc.
V. le Cynique, Dial. de Luc. qui vient parfaitement à la présente fable.

FABLE CXXIV.

LES FABLES D'ESOPE. 241

FABLE CXXIV.

D'Eſop. contée par Babr. ſuiv. Suid. in v. Σηούρα. 4. d'Avien. 34. de Locm.

LE SOLEIL ET BORE'E.

LES Dieux anciénnement ne laiſſoient pas de fois à autre de prendre leurs ébats aux dépens de qui il appartenoit : En voici un exemple. Apollon & Borée, l'un Dieu de la chaleur, & l'autre des frimats, diſputoient un jour de puiſſance. Moi ! diſoit le dernier : Et qui peut me réſiſter ? Répandu ſur les mers, je ſoûléve les flots, j'excite les orages. De-là déchaîné dans les champs, j'y fais frémir

Hh

Cérés, je détruis les moissons, & les Chênes les plus anciens tombent devant moi avec éclat, & séchent dans leurs racines. Pour moi, répondoit le Soleil simplement, je ne fais pas tant de bruit, & fais peut-être plus d'ouvrage. Vous! repliquoit l'audacieux Borée : C'est ce qu'il faut éprouver sur l'heure. Voici deux Voyageurs que je vois là bas dans ce chemin, couverts chacun de leur manteau; c'est de ces manteaux, qu'il doit s'agir entre nous. Voici mon homme; acceptez l'autre, & voyons qui les obligera plûtot à se découvrir. Le Soleil, non sans rire un peu du défi, prend Borée au mot, lequel aussi-tôt appelle les tourbillons, s'enfle de tempêtes, soufle au loin : Et le Voyageur d'enfoncer son chapeau, & de prendre son manteau à deux mains. Le vent redouble, & notre homme de s'envelopper avec encore plus de soin & de résister de toute sa force. Le temps convenu pour l'exécution étant passé, le Soleil s'attache à son homme, dissipe les nuages, & d'un Ciel pur & serein vous répand bénignement ses rayons les plus vifs, qui d'abord récréant le Voyageur, puis l'échauffant doucement, l'oblige de détacher son manteau : bien plus, de se mettre en chemise. Apollon alors prend les enjeux, & Borée confus s'enva de dépit geler une partie de nos Vignes, & grêler sur le persil.

SENS MORAL.

De quoi par le plaisir ne vient-on pas à bout.
La force est sans ressource où la douceur peut tout.

. . . . . . *Peragit tranquilla potestas*
Quod violenta nequit, mandataque fortiùs urget
Imperiosa quies. Claudian.

FABLE CXXV.

21. du Mss. 128. de Plan. 16. de Locm.

L'HOMME ET L'IDOLE.

UN homme, entr'autres Dieux domestiques, en avoit un pour qui il se sentoit une dévotion particuliére. Rien ne lui coûtoit dans son culte, encens, libations, sacrifices ; mais le bien qu'il lui faisoit, ne lui en procurant pas beaucoup à lui, à la fin las de tant de vœux perdus, & de se ruiner en offrandes, il vous change de ton, prend un marteau, met la Statuë

H h.ij

à bas, laquelle, en tombant, laisse aussi tomber de tous les fragmens de son corps un assez grand nombre de piéces d'or & d'argent, lesquelles dans la vérité ne s'y étoient pas mises toutes seules. Notre homme ravi à cette apparition, & prenant la chose à la lettre : Oh! Oh! dit-il, en ramassant cet argent, Monsieur le Pénate, voici donc ce qui arrive ordinairement : Tant qu'on m'a vû humble & rampant, on s'est mocqué de moi : maintenant que je fais le mauvais, on m'écoute !

SENS MORAL.

Où la douceur ne produit rien,
Quelquefois la force fait bien.

La réalité de cette fable se trouve dans ce que le R. P. le Comte, *nouv. Mém. de la Chine* raconte d'un Chinois qui fit condamner au Conseil Souverain de Pekin son Idole comme impuissante & inutile, à un éxil perpétuel, à avoir son Temple razé, ses Bonzes, comme le représentant, punis, sauf à eux à se pourvoir pour leur dédommagement contre les autres esprits de la Province.

LES FABLES D'ESOPE. 245

FABLE CXXVI.

LE BUFLE DOMPTÉ

N Bufle mouroit de faim, (le grand Hyver en étoit cause) un Payſan que le Bufle ſuivoit de loin, vit à ſa contenance qu'il avoit quelque choſe à lui dire. Il s'arrête donc, & le fait expliquer. Le réſultat de la conférence fut de la part de l'homme, que le Bufle le ſerviroit, & que lui le logeroit, l'entretiendroit de tout, & le nourriroit. Servir! la condition étoit dure ; mais d'autre part mourir de faim! la choſe étoit encore plus touchante. Ainſi après quelques réfléxions monologues, le Bufle ſe tour-

ne vers le Payſan, lui dit qu'il conſent à tout. Une corde auſſi-tôt lui eſt paſſée dans les narines, & voilà mon animal, indépendant, qui ſuit ſon maître.

SENS MORAL.

Courage, humeur, honte, fierté,
On réduit tout par la néceſſité.

V. Plut. banq. des ſept ſages, où Thales répondant à l'une des queſt. d'Amaſis Roy d'Egypte, fait voir que la néceſſité eſt ce qu'il y a de plus fort au monde.

Neceſſitati nequidem Deos reluctari, mot de Pittacus relevé par Diog. Laër. & Suid.

Hominem experiri multa paupertas jubet. P. Syr.

Neceſſitas, cujus cursùs transverſi impetum voluerunt multi effugere, pauci potuerunt. Laberius dans Macrob. Saturn. l. 2. c. 7.

LES FABLES D'ESOPE. 247

FABLE CXXVII.

La même au fond, que la 36 d'Avien. 61. du Mss. 27. de Nevel. Modele de la 121 d'Absteem.

LE BOEUF ET LA VACHE.

E Bœuf attelé à une Charuë, voyoit de loin une Vache assommée dans un échaudoir. Il n'en alloit pas moins son train, ne croyant pas que la chose pût jamais le regarder, & comptant bonnement sur l'utilité de ses services. Cela fut vrai tant qu'il se trouva en état de les rendre; mais ayant vieilli dans le métier, il eut le sort de la Vache.

248 LES FABLES D'ESOPE.
Il pouvoit s'y attendre, & nous aussi, qui ne pouvons nous cacher le terme de tous nos travaux.

SENS MORAL.

C'est bien moins fable, que satire:
La peine, & puis la mort. Faut-il nous le redire?

FABLE CXXVIII.

LES FABLES D'ESOPE. 249

FABLE CXXVIII.

C'eſt l'endroit d'Héſiode, qu'on a mis en fable par le moyen de l'action, & du dial. qu'on y a jettés. V. le diſc. prélimin. ci-deſſus 2. p.

LE ROSSIGNOL ET LE MILAN.

UN Milan venoit de fondre ſur un Roſſignol, qu'il tenoit abbatu ſous lui. Le Roſſignol tâchoit par tout ce qu'il y ſçavoit de plus touchant, d'adoucir ſon raviſſeur féroce. Eh! lâché moi, lui diſoit-il, que faire de moi? Je ne vaux rien du tout à manger; mais pour peu que vous aimiez la muſique, je vous dirai de ſi beaux airs.... Je ſçai tout mon Rameau par cœur. De la Muſique, à moi!

interrompt le Milan : nous sommes fort tendres nous autres. Meurs, sans tant causer. J'aime mieux quelqu'un à gruger comme toi, que tous les Opera nouveaux ensemble. A ces mots il lui casse la cervelle, & le mange : jolie maniére de goûter les belles, & pourtant commune à bien du monde !

SENS MORAL.

Allez au Financier, qui d'argent seul se pique,
Tel homme assurément n'aime pas la Musique.

Jejunus venter non audit verba libenter.
Ventre affamé n'a point d'oreilles. V. Plut. 2. Tr. contre l'usage de la viande.
Mol. Amphyt.

LES FABLES D'ESOPE.

FABLE CXXIX.
LE DRAGON ET LA BELETTE.

N Dragon embufqué bouchoit les défilés d'un Repaire, où mille animaux enfermés confultoient en tumulte fur ce qu'il y avoit à faire dans une conjoncture auffi preffante. Tandis que cent avis différens partagent les efprits, & qu'on ne réfout rien de convenable; la Belette s'écarte, & trouvant une plante de Ruht, elle fe la paffe au tour du corps, & laiffe les affiégés au hazard de fe défendre mal, ou de céder fans réfiftance. Elle paffe en courant par devant ce furieux ennemi, qui détourne

la vuë par l'antipathie, qu'il a pour cette plante. Et voilà notre Belette sauvée par son esprit.

SENS MORAL.

Pour assurer nos jours, quand le péril nous presse,
Qu'importe la force, ou l'adresse ?

Dolus an virtus quis in hoste requirat ? Virg. Æn.

LES FABLES D'ESOPE. 253

FABLE CXXX.

166. du Mss. 49. de Planud.

LE BERGER QUI SE MOQUOIT, ET FUT MOQUÉ.

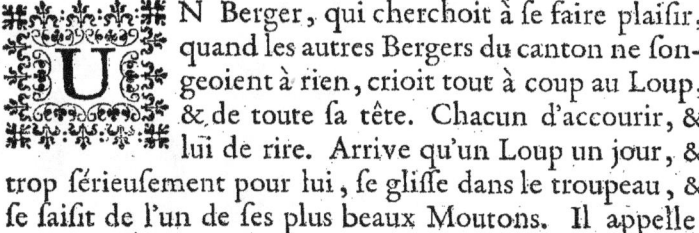N Berger, qui cherchoit à se faire plaisir, quand les autres Bergers du canton ne songeoient à rien, crioit tout à coup au Loup, & de toute sa tête. Chacun d'accourir, & luï de rire. Arrive qu'un Loup un jour, & trop sérieusement pour lui, se glisse dans le troupeau, & se saisit de l'un de ses plus beaux Moutons. Il appelle,

il crie de toute sa force; mais on le laisse crier, revenu qu'on étoit de ses plaisanteries trop fréquentes.

SENS MORAL.

Au secours mes voisins.... mais les voisins sont sourds.
On croit du goguenard, qu'il plaisante toujours.

. . . . *Uti mox*
Nulla fides damnis, verisque doloribus adsit.
Quære peregrinum vicinia rauca reclamat. Hor. Ep. 16. l. 1.
Aristoteles interrogatus quidnam mendaces lucrarentur ?
Ut, cum vera dixerint, illis non credatur. Diog. Laer. l. 5. n. 17.

LES FABLES D'ESOPE. 255

FABLE CXXXI.

29. d'Avien. 26. du Mss. 126 de Planud. 6. de Faërn. l. 4.

LE SATYRE ET LE PASSANT.

IL faisoit froid, & mauvais. Un Passant égaré de son chemin trouve un antre à propos, y entre pour s'y mettre à couvert ; mais arrivé au fond, il y trouve un Satyre avec toute sa famille. Surpris, il veut se retirer par respect : on le retient obligeamment. On lui présente un siége : on cause. Dans la conversation s'étant mis à souffler sur ses doigts : Que faites vous-là, dit le Satyre, en s'appliquant à cette

LES FABLES D'ESOPE.

action. Je souffle dans mes doigts, répond le Passant, afin de les réchauffer. Fort bien, reprend le Capripede. Cependant on sert la soupe, (il étoit heure de dîner.) On prie notre homme d'en manger. Après les façons ordinaires, il se met à table. Le potage se trouvant trop chaud, & lui soufflant sur son assiette : Que faites-vous là, lui redit son hôte? Je souffle sur cette soupe, pour la refroidir. Hors d'ici, s'écrie le Dieu champêtre, en le mettant brusquement à la porte, hors d'ici vîte, & sans repliquer, Toi, & tous ceux, qui comme toi sont doubles dans leurs manieres.

SENS MORAL.

Dire, comme il vous plaît, noir & blanc tour à tour,
Vous avez ce secret, mes bons amis de Cour.

Nam fidum nihil lingua loqui valet,
  Dum cordi duplex altè insedit sensus. Mot de Pittacus, rapporté par Diog. Laer.

FABLE CXXXII.

LES FABLES D'ESOPE. 257

FABLE CXXXII.

D'Esope ayant été contée par Babr. suiv. les qu. gr. 18. de Phedr. l. 4. du Mss. 131. Nevel. Supplem. 24. de l'Anon. 10.

LE SERPENT RECHAUFFE'.

UN Homme, l'hyver, dans son chemin ayant trouvé un Serpent étendu sans mouvement, & plus d'ademi mort de froid, le prend, l'emporte en sa chaumine, fait un grand feu, & l'y présente. Le Reptile réchauffé se replie, se redresse en sifflant, & pour premier trait de reconnoissance, veut s'élancer sur son bienfaiteur imprudent, lequel n'a que

K k

le temps de se jetter à sa coignée, d'en frapper le Serpent, & d'en faire deux tronçons.

SENS MORAL.

Obliger un ingrat & sans ame, & sans foi,
C'est lui mettre à la main des armes contre soi.

Bonis nocet quisquis pepercerit malis. P. Syr.

LES FABLES D'ESOPE. 259

FABLE CXXXIII.

L'AUTRUCHE ET LE ROSSIGNOL.

MONTE'E sur ses deux pieds ainsi que sur deux échasses, l'Autruche aux yeux petits, peu de front, & encore moins de cervelle, se sourit à elle-même de sa grandeur, se tient compte de tout l'espace qu'elle occupe dans le monde, & est comme effrayée de la petitesse du Rossignol, lequel à côté d'elle, perché sur un arbre, & bien éloigné de ces pensées terrestres & matérielles ; exerce cette voix charmante, qu'il a : & perce tout de ses sons ravissans.

L'Autruche cependant ne trouve pas le mot pour rire à tout cela, le traite de chanſons, & s'imagine qu'être bien haute, avoir bon eſtomac, & les membres robuſtes, ce ſont tous les plus beaux, & les ſeuls avantages de la nature.

SENS MORAL.

Mais à tout regarder, & dedans & dehors,
Les talens de l'eſprit valent bien ceux du corps.

LES FABLES D'ESOPE. 261

FABLE CXXXIV.

50. du Mss. 22. & 146. de Planud. 14. de Locm. 99. d'Abstém.

LE VIEILLARD ET LA MORT.

UN malheureux Bucheron, vieux, cassé, & fort pauvre: réduit en cet état à travailler encore, & portant en effet un lourd fardeau dont il étoit accablé, laisse de foiblesse tomber sa charge à terre: s'assied au milieu du chemin, & se retraçant sa misere dans toute son étenduë, il se souhaite cent fois la mort, qui lui apparoissant enfin: Que veux-tu de moi lui dit-elle. Parle. . . . . . Que vous m'aidiez à recharger mon fardeau, reprit promptement notre malheureux, qui perdit bientot l'envie de mourir, dès qu'il vit la mort si proche.

SENS MORAL.

En vain dans la douleur l'Homme s'abbat d'abord ;

Le pire des maux, c'est la Mort.

Et sitis æqua tenet vitaï semper hiantes. Lucr. l. 3.
Debilem facito manu,
Debilem pede, coxâ.
Tuber adstrue Gibberum.
Lubricos quate dentes:
Vita dum superest, bene est.
Hanc mihi, vel acutâ
Si sedeam cruce, sustine.
Vers de Mœcenas, qui nous ont été conservez par Seneq. Ep. 101.

FABLE CXXXV.

31. d'Avien.

LE TAUREAU SAUVAGE, ET LE RAT.

UN Taureau Sauvage étoit fâché contre un Rat, digne objet de sa colere! Il se battoit les flancs de sa queuë, mugissoit au loin, essayoit ses cornes sur les plus gros chênes. Le Rat voyoit tous ces apprêts, & n'en faisoit que rire, tranquile à la faveur de sa petitesse, & de son trou, dans lequel il n'avoit qu'à sauter dès que son ennemi approchoit. Le Taureau écumoit de rage; mais aussi que ne tournoit-il ses efforts contre quelqu'un qui fût de sa force ; contre un Lion, par exemple ? il auroit trouvé plus de prise.

SENS MORAL.

Un homme, qui n'a rien, l'incommode adversaire !
Comment le tenir, que lui faire ?

Benè qui latuit,
Benè vixit. Ovid. l. 3. Trist. Eleg. 4.

FABLE CXXXVI.

LES FABLES D'ESOPE. 265

FABLE CXXXVI.
L'ESCLAVE QUI SE CHARGE DE MONTRER
A LIRE A UN ANE.

ON menoit un Esclave au supplice, (il le méritoit apparemment.) Dans le chemin il demande à parler à l'Empereur : il avoit chose de la derniere conséquence à lui dire. On court en informer l'Empereur, qui le fait venir. L'Esclave approche, & se jette à ses pieds : non pour demander grace, dit-il d'un ton de confiance, mais parce qu'il avoit, ajouta-t-il, un secret admirable, qui périssoit avec lui, s'il lui ôtoit si-tot la vie : & ce secret étoit celui d'appren-

L l

dre à lire à un Ane : oüi, un Ane, & le plus grand, qui se trouvât à la Cour de l'Empereur. Pour cela il ne demandoit que dix ans : Etoit-ce trop, & falloit-il enterrer un si beau talent ? Le Prince rit, & le fait reconduire en prison pour l'exécution d'un si beau chef-d'œuvre. Quelqu'un lui dit en passant, pauvre fol, c'est reculer pour mieux sauter. Je le veux, répondit l'Esclave, mais en dix ans il arrive bien du changement : Avoit-il tort ?

SENS MORAL.

Tirer de long, c'est assez faire :
Le temps rajuste bien une méchante affaire.

Le sujet de cette Fable fait la matiere d'une question, qui se trouve dans le Corps de Droit en ces termes : *Si quis forte, ne supplicio afficiatur, dicat se habere quod Principi referat salutis ipsius causâ ; an remittendus sit ad eum, videndum est.* l. 6. Cod. De Pœnis.

Omnia homini, dum vivit, speranda sunt. Mot qu'on trouve dans Seneque. Epitre 70.

LES FABLES D'ESOPE. 267

FABLE CXXXVII.

Phedre 21. l. 1. l'Anon. 16.

LE LION DEVENU VIEUX.

UAND certain nombre de Luftres accablant le Lion, (qu'on fe figure ici quelqu'un de nos plus illuftres Ecrivains, qu'on a fi peu ménagez dans leur déclin,) le tient hors des rangs, & retiré malgré lui au fond de fa tanniere; un tas d'Animaux fans honneur fe réunit, & tous à la fois fe préfentent à lui fans danger. Le Bœuf lui donne un coup de corne : le Sanglier un coup de fes défenfes ; jufqu'à

Ll ij

l'Ane, franc Baudet, Bourique indigne, tout l'attaque, tout l'insulte. Le Lion au désespoir tente encore les moyens de se relever : ses ennemis pâlissent ; mais ses forces trahissant son grand cœur, il est réduit à se plaindre de la vieillesse, & il rugit douloureusement de dépit.

SENS MORAL.

* *O ! rage, O ! désespoir, O ! vieillesse ennemie,*
Ne vivons-nous longtemps, que pour tant d'infâmie ?

Ipsa Senectus morbus est. Terent. Phorm.
Ut quondam in stipulis magnus sine viribus ignis
Incassum furit. Virg. Georg. l. 3.
* C I D.
Sur les Ecrits composez dans la vieillesse, V. M. Baillet, Jugement des Sçav. & Bayle, Dict. art. d'Afer. Domit. Note D.

LES FABLES D'ESOPE.

FABLE CXXXVIII.

Phedre 8. l. 2. 58. d'Abſtém.

LE CERF ET LE MAISTRE DE L'ETABLE.

N Cerf étoit pourſuivi par des Chaſſeurs : il trouve la porte d'une Etable ouverte, entre & prie les Bœufs qu'elle renfermoit, de lui donner azile. Très-volontiers, lui dirent les Bœufs, mais cet endroit n'eſt pas trop ſûr pour vous ; car outre un aſſez grand nombre de Domeſtiques, qui ſont ici, il s'y trouve un homme vif, ſurveillant, clair-voyant. . . . . C'eſt le Maître du logis en un mot, & rien

ne lui échape. N'importe, reprit le Cerf, je me cacherai si bien sous cette ramée que je vois là dans ce coin, qu'il y aura bien du malheur, si l'on m'y découvre. A la bonne heure, répondirent les Bœufs. Cela dit, ils le laissent faire. Les Valets entrent là-dessus, se contentent de jetter quelque nouvelle botte de foin dans le ratelier, & de retourner la litiere. Ils sortent : le Cerf se croit sauvé, quand cet homme clairvoyant entre à son tour : regarde si le foin qu'on leur donne est bon, si la litiere est fraîche. Dans les mouvemens qu'il se donne, il apperçoit un bout du bois du Cerf, le joint, crie à lui. On vient, chacun prend un épieu, & la bête est tuée.

SENS MORAL.

Phédre autrefois l'a dit, (je l'aurois dit peut-être,)
Pour voir, il n'est que l'œil du Maître.

FABLE CXXXIX,
ET DERNIERE.

ON voit ici des Cicoignes : pour quel sujet ? C'est ce que le Graveur sçavoit apparemment, ou plutôt celui, qui avant moi en avoit employé le burin ; mais il n'en est rien venu jusqu'à nous ; ainsi j'aurois le champ libre pour parcourir ici toutes les propriétés de cette sorte d'Oiseaux, mais je m'arrête à une seule ; c'est celle d'avaler, les Serpens, les Couleuvres, dangereux aliment ! Donc, en me passant l'équivoque, nous n'avons que trop souvent notre bonne part, au jeu, en procès, à la guerre : dans les graces que nous follicitons, ou que nous craignons de perdre : enfin en mille occafions de notre vie. En voici une pour toutes.

SENS MORAL.

Qu'un Auteur, par exemple, en publiant fes œuvres,
Sur la Sellette affis, avale de couleuvres !

EXEMPLES

EXEMPLES

De quelques Fables que j'ai indiquées en passant dans mon discours préliminaire.

Fable Phénicienne suivant Platon, qui la rapporte, Troisiéme Livre des Loix.

ECOUTEZ la suite de cette Fable vous qui habitez cette Ville. Vous êtes tous freres, mais Dieu qui vous a créez a mêlé de l'or dans ceux qui sont dignes de commander; c'est pourquoi ils sont les plus excellens, & les plus honorables. Il a mêlé de l'argent dans ceux qui sont capables de les aider dans leurs fonctions, & il a mêlé du fer & du cuivre dans ceux qui ne sont propres qu'à être Laboureurs ou Artisans. Etant donc ainsi tous parens, nous avons d'ordinaire des enfans qui nous ressemblent : mais il arrive aussi quelquefois que celui, qui est mêlé d'or, a des enfans qui ne sont mêlez que d'argent, & celui qui n'est mêlé que d'argent a des enfans mêlez d'or, & ainsi des autres. La chose donc que Dieu recommande le plus aux Princes, c'est de ne prendre garde à qui que ce soit de si près qu'à leurs enfans, pour bien discerner ce qui a été mêlé dans leur premiere formation ; afin que s'ils y reconnoiſſent du fer ou du cuivre, ils n'en ayent aucune pitié; mais qu'ils les placent dans le rang qui leur eſt deſtiné par la nature, & qu'ils les faſſent Laboureurs ou Artiſans; & pour ceux qui ſeront mêlez d'or ou d'argent, qu'ils deſtinent les uns à commander, & les autres à les aider, & à les ſoulager par leur miniſtere; comme y ayant un Oracle qui prédit que la Ville périra quand elle ſera ſous le gouvernement du fer ou du cuivre.

Deux Fables des Sybarites.

Premiere tirée d'Elien, & traduite par M. Huet dans ſon Traité de l'origine des Romans.

Un enfant de Sybaris conduit par ſon Pédagogue, rencontra dans la ruë un vendeur de figues ſéches, & lui en déroba une. Le Pédagogue l'ayant repris aigrement lui arracha la figue, & la mangea.

Deuxiéme tirée des Guêpes d'Ariſtophanes.

Un Sybarite monté ſur un Chariot, dont il vouloit conduire les Chevaux, en quoi il n'étoit pas habile, ſe laiſſa tomber à terre, & ſe caſſa la tête. L'un de ſes amis qui étoit préſent, lui dit froidement : cela vous doit apprendre que chacun doit ſe mêler de ſon métier.

Troiſiéme dans le goût des Sybarites que M. de Fontenelle rapporte dans le 2.me Volume de ſes dialogues des Morts, Pag. 68.

Les Tyrinthiens étoient un peuple ſi porté à la joye qu'ils ne pouvoient plus prendre leur ſérieux ſur rien;

tout alloit en defordre parmi eux ; s'ils s'affembloient fur la Place, tous leurs entretiens rouloient fur des folies, au-lieu de rouler fur les affaires publiques ; s'ils recevoient des Ambaffadeurs, ils les tournoient en ridicules; s'ils tenoient des Confeils de Ville, les avis des plus grands Sénateurs n'étoient que bouffonneries, & en toute forte d'occafions une parole ou une action raifonnable eût été un prodige chez les Tyrinthiens. Ils fe fentirent enfin incommodez de cet efprit de plaifanterie, & ils allerent confulter l'Oracle de Delphes pour lui demander les moyens de recouvrer un peu de férieux. L'Oracle répondit que s'ils pouvoient facrifier un Taureau à Neptune fans rire, il feroit deformais dans leur pouvoir d'être plus fages, un facrifice n'eft pas une action fi plaifante d'elle-même : cependant pour le faire ils y apporterent bien des préparatifs. Ils réfolurent de n'y recevoir point de jeunes gens, mais feulement des vieillards ; & non pas encore toute forte de vieillards, mais feulement ceux qui avoient eû des maladies ou beaucoup de dettes, ou des femmes bien incommodes. Quand toutes ces perfonnes choifies furent fur le bord de la Mer pour immoler la victime, il fut befoin malgré les femmes, les dettes, la maladie, & l'âge, qu'ils compofaffent leur air, baiffaffent les yeux à terre, & fe mordiffent les lévres; mais par malheur il fe trouva là un enfant qui s'y étoit coulé. On voulût le chaffer felon l'ordre, & il cria, quoi avez vous peur que je n'avale vôtre Taureau ? cette fottife déconcerta toutes ces gravitez contrefaites. On s'éclata de rire, le facrifice fût troublé, & la raifon ne revint point aux Tyrinthiens.

Fable Gauloise. (a)

Une fois un Datillier étoit en un Jardin, & fy avoit près de cent ans, qu'il y étoit, & encore ne portoit fruit; car de fa nature il ne fructifie qu'à cent ans, & puis dure mille ans en bonne vertu, & toujours porte fruit. Sy advint que ly jardiniers planta au pied du Datillier une Courge, laquelle dedans pou de jours monta au plus haut du Datillier, & avec fes fils commença à lier toutes les branches du Datillier, & par tous les Angles & Branches de ce Datillier fe commença à efpandre. Après commença de flourir. Incontinent & bien foudainement vecy venir Courjons, & bientôt ils furent gros, & furent Courges. Sy peferent très mallement; tant que les branches de ce Datillier commencerent à ployer. Mais quand ly Datillier fentit le grand faiz, il regarda Dame Courge, & fy lui dict: Madame belle, qui eftes vous, qui ainfi m'avez emprifonné, & tant d'ennui me faites? Compains, fit elle, ie fuis Dame Courge. Ha! Dame, fit ly Datillier, ie vous prie Dieu merci que vous ne me veüilliez chargier, ne getter de mon lieu là ou je me fuy nourri, & ou fuy en faifine & poffeffion paifiblement, & de très longtemps, & fy l'ai prefcrit. Lors dit la Courge: Eh! comment Datillier, vous en convient-il parler? Pardieu ie getterai tant de Courjons, que je vous creverai deffous; mais je ne m'en lairrai pour homme, qui en parle. Lors ly Datillier, qui bien uid qu'il auoit affaire à perfonne uilaine, oultrageufe, & rigoureufe, & qui auoit tant d'enfans, & Courges pendans fur lui comme Campa-

(a(*Tirée d'un Mff. de la Bibl.* M. Boivin, *tout à la fin de fon du Roy, & donnée au public par* bouclier d'Achille.

nes, mena longtemps grand deüil en foupirant & plourant : toujours demandoit paix à cette Courge, mais c'étoit pour néant; Car toujours elle croiſſoit de courjons & de fleurs, & de charge. Et quand ly Datillier uit que jà paix ne trouveroit avec elle, fy lui dict bien humblement : je vous prie, belle Dame Courge, par ce que ie ne oüis oncques parler de vous, & fy ayant tant d'aage que vous me dictes, combien y a que vous eftes uenuë icy. Certes Damp Datillier, dit-elle, il y a bien deux mois & demi. A donc ly Datillier commença à rire tant grandement que ce fut merveilles, & fe commença à mocquer, truffer & rigoler de Dame Courge, & lui faire grimaces & grand dépris. Sy lui dict Dame Courge : Datillier, dequoi vous riez vous, Et menez telle joye? Par ma foi, Dame Courge, ce dict ly Datillier, vous m'auez fait tant grand' paour que bien penfoye être perdu. Car oncques ne uis monter chofe tant hault en fi pou de temps, ny uenir en tant grand état; mais quand vous dictes qu'en pou de temps eftes venuë, je ne vous crain, ne rien ne uous prife, & fy m'en ris; car auffi en bien pou de temps vous uous en yrez.

Deux Fables des Lybiens ou Negres d'aujourd'huy qu'on trouve dans la Defcription de l'Affrique de Dapper.

PREMIERE.

Un certain Oyfeau qui fait fon nid dans des trous d'arbres qu'il creufe avec le bec, & qui n'eft pas plus gros que nos moineaux, fe plaignit un jour (difent-ils) à *Canou*; c'eft le Dieu du Ciel, qu'en quelque endroit qu'il bâtit fon nid les hommes lui déroboient toujours ses petits. C'est pourquoi il supplioit Canou de faire tomber le Ciel sur eux & de les écraser. Le Dieu répondit qu'il y consentoit, mais que comme les arbres par leur hauteur soutiendroient le Ciel & empêcheroient que ces voleurs ne fussent pris, il falloit qu'il se donnât la peine auparavant de couper tous les arbres.

SECONDE.

Il y avoit autrefois un Oiseau qui avoit la tête & le col garnis de belles plumes rouges, mais il étoit presque nud par derriere & avoit la queuë fort petite: cependant comme il paroissoit beau pardevant malgré ses défauts on ne laissa pas de l'élire Roy. Cet animal sçachant bien de quelle importance il est de s'attirer l'estime de ses sujets & de leur cacher ses imperfections, se tenoit toujours dans un pot, & ne montroit que la tête & le col quand le conseil des Oiseaux étoit assemblé? Mais enfin un jour de Fête solemnelle, qu'on devoit faire un sacrifice public au Dieu Bely dans le fond d'un bocage, il fallut que notre Roy sortit de son pot, & faisant remarquer sa nudité, tous les autres Oiseaux se moquerent de lui.

PARTICULARITEZ

Des animaux les plus remarquables entre ceux, qui ont leur rôle dans nos Fables.

A.

ABEILLE.

C'EST sur les arbres, les plantes & les fleurs de certaines especes, que le miel & la cire se trouvent ; mais en combien de particules, & de particules insensibles ces rares présens de la nature y sont-ils répandus ? Quels yeux, quels instrumens n'auroit-il point fallu à l'homme, pour en profiter ? Un insecte y supplée, & cet insecte est l'Abeille. Avec les serres, ou mâchoires, qu'elle a à la tête, elle détache la cire, & de sa trompe enlevant le miel du fond du calice des fleurs, elle porte tout à sa ruche, dont les rayons sont formés de la cire, & dans les alvéoles de ces rayons le miel est déposé. Comme on compte huit ou dix mille Abeilles dans les moindres ruches, & jusqu'à dix-huit mille dans les grandes, un rayon d'un pied de long, de six poulces de large, & contenant quatre mille alvéoles, est l'ouvrage d'un jour, (*a*) pour ces Abeilles, qui partagent entr'elles le travail dans un ordre & une correspondance admirables. Il y en a de trois sortes dans chaque ruche : Les Abeilles proprement dites, & qui ont toutes un aiguillon, qu'elles laissent avec la vie, dans la piquure qu'elles font : Les Bourdons, qui n'ont point cette arme offensive, & qui passent pour les Auteurs de la propagation de toute l'espece : Enfin la reine de toutes ces especes, (car suivant nos modernes la royauté est icy tombée en quenoüille, & les Abeilles n'ont plus de Roi).

AIGLE.

L'Aigle est nommé le Roi des Oiseaux, (*b*) sa force & sa

(*a*) *Observ. de M. Maraldi. V. les Mém. de l'Acad. Roy. des Scienc. ann.* 1712. (*b*) *Pindare.*

FABLE PHENICIENNE.

grandeur lui ont fait donner cette qualité. Ce qu'un de nos Auteurs modernes en dit (*a*) rend croyable Athenée (*b*) qui parle de trois Aiglons, trouvés entre Misenne & Dresde, dont les aîles éployées avoient une étenduë prodigieuse. Leurs ongles étoient aussi longs que nos doigts, & leurs cuisses au moins de la force de celles du Lion. Les Aigles se trouvent en Afrique, en Asie, au Perou, & même en Europe, puisqu'il nous en vient de Provence (*c*) ils vivent de proye, & font curées de tout, agneaux, gibier, poissons, serpens mêmes, qu'ils enlevent, & coupent par morceaux pour la pâture de leurs petits, dont l'aire est ordinairement au sommet des plus hautes montagnes, ou dans le creux de quelque roche inaccessible. Quand un Aiglon est assez fort pour quitter son nid, le pere & la mere l'en font sortir, & l'intruisent à se soûtenir en l'air (*d*) après l'avoir éprouvé. Cette épreuve consiste à l'exposer au plus grand jour, & à voir si ses yeux soûtiendront fixement les rayons du Soleil (*e*) voilà pourquoi l'Aigle est donné pour le plus clairvoyant des oiseaux. (*f*) Dans sa vieillesse son bec devient si crochu, que ne pouvant plus prendre d'alimens, il est réduit à mourir de faim. (*g*) Le renouvellement de sa jeunesse, dont l'Ecriture Sainte (*h*) fait mention, s'entend suivant Saint Augustin & Saint Epiphane (*i*) d'une action de l'Aigle, qui, lorsque l'extrémité de son bec devient si crochuë, se la casse sur quelque roche, reprend de la nourriture, & par conséquent de nouvelles forces; ce qui le rajeunit en quelque sorte (*k*).

AUTRUCHE.

L'Autruche est le plus grand des oiseaux. Sa hauteur, suivant Pline (*l*) est celle, que peut avoir un homme étant à cheval. L'Auteur de la relation du Sénégal (*m*) ne donne aux plus grandes Autruches, que depuis six jusqu'à huit pieds de haut, en les mesurant depuis les pieds jusqu'à la tête qui y est comprise. Son col est extrémement long, ainsi que

(*a*) *L'Emery. Dict. des Drogues.*
(*b*) *Dipnos. l. 5.*
(*c*) *L'Emery l. citato.*
(*d*) *Hor. l. 4. Od. 4. Sicut aquila provocans ad volandum pullos suos, & super eos volitans. Deut. 32. 9.*
(*e*) *Jonston. l. 1. tit. 1. de avib.*
(*f*) *Hor. l. 1. c. 3. Bochart Hieroz. p.* 2. *l.* 1. *c.* 4.
(*g*) *Arist. h. a. l. 9. c. 3. Plin. l. 10. c. 3.*
(*h*) *Psalm. 102. v. 5.*
(*i*) *D. Calmet sur ce Pseau.*
(*k*) *Idem ibid.*
(*l*) *L. x. c. xj.*
(*m*) *Le P. Labat.*

ses jambes. Pour la tête, elle est fort petite, & n'a que peu ou point de cervelle; en quoi tous les Auteurs s'accordent avec l'Ecriture (*a*); son bec est dur, court & pointu. Ses jambes sont couvertes d'écailles, & ses pieds armés d'un ongle, dont elle saisit des pierres, qui sont souvent mortelles aux Chasseurs, qui la poursuivent (*b*). La bosse qu'elle a sur le dos, ressemble à celle du Chameau. Du poids, dont elle est, elle ne peut voler; ses aîles d'ailleurs ne répondant point à sa grandeur. Cependant elle sçait s'en servir, de maniere qu'en les déployant, & les exposant au vent, qui lui convient, ces aîles deviennent pour elle une sorte de voiles, qui l'emportent en courant avec tant de rapidité, que sa course égale en vîtesse le vol des autres Oiseaux. Elle pond ses œufs dans le sable, & les y abandonne. C'est ce qui lui est généralement reproché. La chaleur du Soleil fait l'office de mere à l'égard de ces œufs, qui sont très-gros, & dont on fait des vases, qu'on peut voir chez plusieurs Curieux. Par rapport aux plumes de cet Oiseau, tout le monde en connoît l'usage. Les Arabes en font un grand commerce. Leur couleur naturelle est le blanc & le noir. L'Autruche se trouve en Afrique, dans l'Arabie & l'Ethiopie, ainsi qu'au Pérou. Un sçavant Anglois (*c*) met au nombre des erreurs populaires ce qu'Averroés, & d'autres Auteurs Arabes disent de la prétendue proprieté, qu'à l'Autruche d'avaler le fer, & de le digérer.

B.

BALEINE.

LES Baleines, qu'on trouve dans les Mers du Nord, passent pour les plus grandes. On leur donne (*d*) 160 & même 200 pieds de longueur. Pour nous faire prendre l'idée de ces Poissons énormes, un Auteur fort accrédité sur cette matiére (*e*) nous dit que leurs seuls squelettes paroissent comme de grands vaisseaux, ou comme de vastes maisons avec plusieurs chambres & plusieurs fenêtres. Un Académicien de Florence (*f*) parle d'une Baleine, qui s'étoit échouée

(*a*) *Job.* 39. 17.
(*b*) *Diod. Sicul. l.* 2.
(*c*) *Thomas Brown. t.* 1. *l.* 3. *c.* 22.
(*d*) *Rondelet, Aldrovand. &c.*

(*e*) *Olaüs Magn. de Piscib. Monstros. l.* 21. *c.* 15. & 16.
(*f*) *Jean Cabri. Voyez la République des Lettres, Juin* 1686.

sur les côtes d'Italie. Quoiqu'elle ne fût pas de la premiere grandeur, l'ouverture de sa gueule étoit si grande, qu'un homme à cheval y auroit pû tenir commodément. C'est dans cette gueule, que les Baleinons se retirent pendant le gros tems, & ils ont communément vingt pieds de long. Du palais des Baleines descendent des fanons de douze à quinze pieds de long. Ils leur servent à faucher & à ramasser les herbes, dont elles se nourrissent. L'écume de la Mer & de petits poissons sont encore ses alimens; son gosier n'ayant pas plus d'un demi pied de large (a); non sans un effet particulier de la Providence, qui a ainsi pourvû à la conservation des autres espéces de poissons. La pêche de la Baleine se fait dans la Groënlande. Plusieurs Auteurs (b) se sont étendus sur sa description. Le profit qu'on en retire, consiste en huile, & en ce que nous nommons Baleine, qui est prise des fanons : Il s'en fait un fort grand commerce. Il n'y a qu'une sorte de Baleine qui fournisse ce qu'on en appelle le blanc : & cette découverte ne passe pas au-de-là de 60 ans, suivant le Docteur Anglois (c) que j'ai déja cité. Ce blanc est d'un grand usage pour les Peintres & les Cardeurs de Laine. Il entre aussi dans la composition des Baumes, & de quelques autres remédes (d). Cette Baleine a des dents, qui sont blanches comme de l'yvoire. Elle produit l'ambre gris. Les Baleines en général s'attroupent. On les voit quelquefois par centaines faire en Mer de longues traversées. Elles respirent par un ou deux tuyaux ouverts sur le haut de leur tête, & c'est par ces tuyaux, qu'elles lancent des jets d'eau. Lorsqu'on les poursuit, elles se plongent au fond de la Mer, où elles se tiennent quelquefois plus de demie-heure. C'est sur leur queuë, qu'elles portent ordinairement leurs petits, qu'elles nourrissent de leur lait, aussi blanc que celui de Vache (e).

(a) *Rondelet*, *Aldrov.* *Bartolin* & *Bochart*.
(b) *Savari*, *Pomet*, &c.
(c) *Thomas Brown*.
(d) *L'Emery*.
(e) *Dudley*, *Transaction de la Société Royale de Londres*, Mars & Avril 1725.

C.

CAMÉLEON.

LE Caméleon tient du Lézard. On ne lui donne que sept à huit doigts de long, ou douze tout au plus (*a*). Sa tête est presqu'immobile, & surmontée d'une espéce de crête large, & triangulaire (*b*). Ses yeux au contraire ont toute sorte de mouvemens. De l'un il voit devant lui, & de l'autre par derriere. L'un regarde en haut, & l'autre en bas : & cela dans le même-tems. Lorsqu'il se voit en danger d'être pris, il ouvre la gueule, & siffle comme une Couleuvre. Sa couleur ordinaire est le vert, tirant sur le brun autour des épaules, & sur le jaune sous le ventre, avec des taches quelquefois rouges, & quelquefois blanches, qui prennent souvent une couleur approchant du violet. De même sa couleur verte prend aussi fréquemment celle du brun foncé. Qu'on le couvre de quelque étoffe blanche ou rouge, il prendra la couleur blanche, & non la rouge, ni la bleue. Mademoiselle de Scuderi, à qui l'on avoit fait présent de deux de ces Animaux, les conserva dix mois, & elle assure (*c*) que pendant tout ce tems ils ne prirent aucun autre aliment, que l'air auquel on les exposoit, en les mettant deux ou trois heures par jour au soleil. Brown a examiné physiquement (*d*) si l'air est la seule nourriture du Caméleon, & il se déclare pour la négative : 1°. Sur le témoignage de Belon, & d'autres Naturalistes, qui ont vû cet Animal enlever des mouches, des chenilles, des vers de farine : & même boire. 2°. Par des raisons Anatomiques & analogues aux parties, qui forment le Caméleon. L'un des Auteurs, que j'ai déja cités, (*e*) ne permet plus de douter que cet Animal ne prenne de la nourriture, l'ayant observé plusieurs fois, & vû étendre sa langue, & la retirer adroitement, quand il a sçû y attirer les insectes ausquels il en veut.

CHAMEAU.

Le Chameau est cet animal si nécessaire aux Orientaux pour le transport de leurs marchandises, & de leur bagage

(a) *Gesner*, & *le P. Feuillée, Religieux Minime.*
(b) *VVheler.*
(c) *Conversations.*
(d) *C. 21. l. 3.*
(e) *Le P. Feuillée, Observ. Physiq.*

dans les voyages qu'ils entreprennent : furtout dans les déserts de l'Arabie, où l'eau manque ; le Chameau fupportant la foif pendant huit ou dix jours (*a*). L'Afrique en produit d'affés forts pour porter des fardeaux de 1200 livres. Ils reçoivent cette charge en fe mettant le ventre à terre, à quoi ils font inftruits prefque dès leur naiffance. Ils ont le col très long, & une boffe fur le dos. Les Arabes en font un fort grand commerce. L'urine du Chameau nous donne le Sel Armoniac, qui eft d'un fi grand ufage en Chymie. Le Dromadaire en eft une efpéce. La viteffe eft fon partage, & l'on dit (*b*) qu'il peut fournir une courfe de huit ou dix jours de fuite à quarante lieues par jour.

CIGOGNE.

Les Cigognes font des Oifeaux de paffage comme les Gruës & les Hirondelles. Elles font la guerre aux Serpens, à qui leurs repaires ne fçauroient fervir d'azile contre les longs becs de ces Oifeaux, dont l'Ibis fi reveré par cet endroit chez les Egyptiens eft une efpéce. On en rapporte plufieurs particularités, qu'on trouve dans Jonfton.

CIGNE.

Je ne remarquerai fur le Cigne, qui eft un Oifeau fi connu, que le chant mélodieux, qui lui eft attribué par tous les Poëtes, & par Aldrovand, qui ne l'étoit point. Le Docteur Brown a examiné férieufement le fait (*c*) & le nie.

CIVETTE.

Rien de plus commun que le parfum, que produit la Civette ; mais rien de moins décidé, que la véritable forme de cet animal. Il eft fuivant Jonfton (*d*) & Brown l'hyene des Anciens. Thévenot lui donne la grandeur d'un gros Chien, un mufeau pointu, de petits yeux, des oreilles courtes, les barbes d'un Chat, une peau tachetée de blanc, de noir & de jaune : une queuë femblable à celle du Renard : un naturel fauvage & cruel. Cette défcription s'accorde avec celle de Dapper, qui donne à la Civette la reffemblance du

---

(a) *Le P. Labat, Relat. du Sénégal.*
(b) *Idem.*
(c) *L. 3. c. 27.*
(d) *L. 3. c. 21.*

FABLE PHENICIENNE.

Mâtin. Pomet lui donne celle du Chat d'Eſpagne : & le dernier Auteur, qui en a écrit (*a*) veut que ſon air de tête tienne en partie de celle du Renard, & de celle du Chat. C'eſt apparemment par maniere de conciliation qu'il s'énonce ainſi. Quoiqu'il en ſoit, la liqueur que fournit la Civette, eſt d'un grand uſage, & d'un fort grand débit. Cet Animal ſe trouve en Afrique, aux Indes Orientales, & à la Chine.

CROCODILE.

Le Crocodile eſt un Lézard d'une grandeur énorme, & qui va dans quelques-uns juſqu'à cent pieds, ſi l'on en croit Élien, & quelques rélations Eſpagnoles. Elle eſt ſuivant des Auteurs plus ſûrs (*b*) de 25 & 30 pieds. Un Voyageur (*c*) qui paroît fort exact, étant dans l'Iſle de Ceylan, en vit diſſéquer un, long de ſeize pieds & demi, & épais de cinq pieds & demi, qui avoit dévoré plus de 32 perſonnes. Cet Animal eſt amphibie, paſſant la nuit au fond de l'eau, & le jour à terre. Il eſt couvert de grandes écailles quarrées, & diſpoſées dans toute la continuité de ſon corps en forme de ceintures parallèles. C'eſt une eſpéce de cuiraſſe impénétrable aux coups de feu, quand ces écailles ſe trouvent dans leur ſituation naturelle. Herréra aſſure comme un fait, dont il avoit été témoin, qu'un Crocodile attaqué par trente hommes, n'avoit pû être percé de ſix coups d'arquebuſe, qui lui furent tirés. Sa ſeule partie vulnérable eſt le ventre. Ses jambes de devant ſont plus courtes que celles de derriere, & elles ont la conformation des bras humains. Sa gueule eſt ſans langue, mais elle eſt ſi vaſte & ſi ouverte, qu'il peut aiſément avaler un homme entier. Il a à chacune de ſes mâchoires 36 dents fort ſolides & fort pointuës (*d*); celles de la mâchoire inférieure entrent dans le creux de celles de la mâchoire ſupérieure. On convient généralement aujourd'hui qu'il ne remuë que la mâchoire d'en bas comme tout autre animal. Il s'y trouve des deux côtés une petite glande, qui s'avance en dehors, & répand une liqueur très-agréable. On peut compter ſur toutes ces particularités. On en a pour garent un célébre Académicien (*e*), qui diſſéqua

---

(a) *Le P. Labat, t. 2.*
(b) *R. R. P. P. Jéſuites de la Chine. V. la République des Lettres, Octob.* 1688.
(c) *Corn. le Brun.*
(d) *Vanſleb, Rélat. d'Egypte.*
(e) *M. Du Verney.*

l'un de ces Animaux mort à Versailles sur la fin de l'année 1681. Les Crocodiles sont communs en Egypte à cause du Nil. Le Niger en produit aussi beaucoup. On en trouve dans l'Isle de Saint Domingue, au Missisipi, & sur-tout dans les Indes Orientales, où ils sont plus grands qu'ailleurs, & y ont le nom de Caymans. On donne jusqu'à trente pieds de longueur à ceux qu'on y a mis dans les fossés de la ville de Pégu, pour la défendre de toute surprise. Plusieurs de ses habitans en sont la proye, parce qu'ils ont la superstition de boire de l'eau de ces fossés, ce qui cause leur perte ; les Crocodiles, qui les observent, se tenant cachés dans les herbages & les joncs, qui sont à bord (*a*). On ne leur échappe par la fuite, qu'à force de détours, ces animaux n'ayant pas l'épine du dos fléxible, & ne se conduisant que sur une ligne droite. L'Ichneumon, dont il sera parlé dans la suite, leur est fort antipathique, ainsi qu'un certain poisson nommé Toasse, ou Tiasse (*b*), qui casse, tout autant qu'il peut, les œufs du Crocodile, qui les pond dans le sable, & les laisse éclore au Soleil. Ces œufs sont aussi blancs, & guéres plus gros que ceux de Poules.

D.

DRAGON.

LES Dragons sont compris dans le genre des Serpens. Il y en a d'aîlés, & d'autres qui ont des pieds suivant les représentations, qu'on en trouve dans Jonston (*c*) & ailleurs. L'Afrique, l'Ethiopie, & l'Arabie produisent ces monstres, qui, toute horreur à part, nous sont donnés par un très-sçavant Homme (*d*) pour de très-beaux animaux. Voici la déscription, qu'il en donne. Le Dragon est couvert d'écailles de couleur d'or, qui jettent un éclat admirable. Il a sous le menton une longue barbe de la même couleur. Ses yeux sont vifs & étincelans ; ce qui dans l'antiquité lui a fait rendre les honneurs Divins à Babylone, en Egypte, & en Phénicie, comme on le voit dans l'Ecriture Sainte (*e*), dans Hérodote (*f*), dans Virgile (*g*).

(*a*) *Recueil des Voyages des Hollandois aux Indes Orientales.*
(*b*) *Paul Lucas, t. 1.*
(*c*) *L. 2. t. 2.*
(*d*) *Samuël Bochart, Hieroz.*
(*e*) *Daniel, c. 14.*
(*f*) *L. 2. c. 74.*
(*g*) *Æneid. l. 4. ℣. 484.*

E.

ÉLEPHANT.

L'ELEPHANT est le plus fort, le plus grand & le plus spirituel des quadrupedes. Il s'en trouve de treize ou quinze pieds de haut (*a*). Un Voyageur, sur qui l'on peut compter (*b*), dit en avoir vû de si grands, que monté sur une Mule, & voulant en mesurer un, il s'en fallut plus de deux palmes, qu'il pût lui mettre la main sur le dos. Ceux de l'Isle de Ceylan sont extrêmement vantés pour leur beauté & leur hauteur (*c*). Ils abondent dans ce pays en telle sorte, que suivant un autre Voyageur (*d*), on y en prend quelquefois dans une seule chasse jusqu'à 160. Les Hollandois & les Portugais en font un très-grand trafic aux Indes, & ces derniers en avoient dressé un à la chasse des autres. Le nombre, qu'il en prenoit, faisoit par an aux Portugais cinquante mille écus de profit (*e*). Un Elephant ordinaire se vend 757 écus à Siam. Le prix des plus beaux va jusqu'à 10000 livres. Les blancs sont en vénération parmi les peuples de Bengale. On sçait les honneurs qu'on leur rend à la Cour de Siam, & à celle d'Achen (*f*). Presque tous les Elephans sont noirs en Afrique. On les y voit, comme aux Indes, paître dans les prairies par troupes de 1000 & de 1500 (*g*). Par ceux de ces animaux, qu'on a vû de tems en tems en France, on a pû reconnoître que l'Elephant est une masse énorme : qu'il a des oreilles très-longues & très-larges, les yeux grands & gros, au lieu de nez une trompe, qui lui descend jusqu'à terre & s'élargit à son extrêmité faite en forme de tasse, d'où il sort une espéce de doigt, qui lui tient lieu de main, si dextre, qu'il en peut dénoüer une corde ; ce que faisoit l'un de ces animaux, qui fut ici disséqué après sa mort, & dont il est parlé dans nos Fastes Sçavans (*h*). La trompe entr'autres choses sert à l'Elephant pour puiser l'eau qu'il boit, & prendre l'herbe dont il se nourrit, en

(*a*) *M. Rollin, Hist. Grec. t. 6. p. 559.*
(*b*) *Le R. P. Lobo, Rélat. d'Abyssinie.*
(*c*) *Dampier, Supplem. du Voyage au tour du Monde.*
(*d*) *Corneille le Brun.*
(*e*) *Jean Ribeyra, Hist. de l'Isle de Ceylan.*
(*f*) *L'Abbé de Choisy, Rélat. de Siam.*
(*g*) *Gautier Schouten, Voyages aux Indes Orient. & Dampier ubi suprà.*
(*h*) *Histoire de l'Académie Royale des Sciences, par M. Duhamel.*

portant le tout à sa bouche. C'est avec elle, qu'on lui voit lever des fardeaux d'un poids si considérable, que l'un de ces Ecrivains habiles, qui ne hazardent rien dans ce qu'ils nous donnent (*a*), parle d'un Elephant, qui portoit deux canons de fonte pésant ensemble six milliers; sur quoi supputant que le poids de 32 hommes à 150 livres chacun ne fait qu'un total de 4800 livres, il soutient contre Bochart la certitude du Texte de l'un de nos livres Sacrés, où il est parlé d'Elephans, sur chacun desquels il y avoit une tour, & dans chacune d'elles 32 combattans. Outre quatre dents, qu'ont ces animaux à chaque mâchoire, ils en ont deux autres, qui leur sortent de la mâchoire superieure, & qui sont très-longues. Elles leur servent de défenses. Ce sont plutôt des cornes, que des dents, puisque leur yvoire s'amollit dans le feu, ce qui n'arrive pas aux dents (*b*). On rapporte une infinité de traits, qui prouvent l'intelligence de l'Elephant au-dessus de celle de tous les autres animaux; mais comme les livres en sont pleins (*c*) je me bornerai à un seul, qui m'est absolument connu. Au dernier Spectacle, qu'on eût d'un Elephant à l'une de nos Foires (*d*), cet animal après le jeu prenoit un chaudron des mains de son maître, & le présentoit aux spectateurs, qui y mettoient chacun quelqu'argent, plus ou moins. L'Elephant remettoit le tout à son maître, qui remplissoit le chaudron ou de bierre, ou de vin, que cet animal bûvoit en récompense. A l'un des jeux, un particulier qui étoit dans une loge avec d'autres personnes, l'Elephant, faisant sa quête, lui présenta le chaudron comme aux autres. Ce particulier indiscret avança la main comme pour y mettre son présent, & d'une épingle, qu'il tenoit cachée entre ses doigts, piqua la trompe de cet animal, qui dissimulant la chose, acheva sa ronde, fit son manége ordinaire, ainsi que son maître, & de la liqueur, que ce dernier lui donna à boire, remplit sa trompe, l'y garda, vint droit à la loge, choisit l'offenseur, & l'inonda; action, qui attira beaucoup de huées à ce particulier, & fit conclure au maître de l'Elephant qu'elle avoit quelque cause; de quoi notre indiscret ne se vanta

(*a*) *D. Calmet sur le 1. Livre des Macchab.*
(*b*) *M. Duhamel, loco citato.*
(*c*) *Arrien, Xiphilin, & plusieurs de nos Auteurs modernes.*
(*d*) *Saint Germain.*

pas

FABLE PHENICIENNE.

pas alors; mais dans la suite il m'en a plusieurs fois fait l'aveu, en admirant le discernement de cette bête, comme tout le monde le fera.

EPERVIER.

L'Epervier se trouve communément dans les pays froids. C'est un Oiseau de proye, & il s'en est trouvé de la force à peu près de l'Aigle (*a*), mais sa grosseur ordinaire est celle du Chapon. Son bec est recourbé. Ses pieds sont armés d'ongles très-forts. Il fait aussi la chasse aux Serpens.

ELAN.

L'Elan se trouve en Pologne, en Prusse, en Suede, en Norwege, & au Canada. Sa hauteur est celle du Cheval (*b*). Il a des cornes semblables à celles du Daim. Sa tête est chargée de poils, qui lui descendent jusqu'aux épaules. La propriété qu'on lui donne, est d'avoir dans la corne de son pied gauche de derriere un reméde efficace contre l'Epilepsie, à laquelle il est fort sujet.

F.

FOURMI.

CE n'est pas par sa grandeur & par sa rareté, que cet insecte a attiré l'attention des spectateurs de la nature, (car il y en a peu de plus petit & de plus commun) mais par sa prévoyance & par sa vie active & laborieuse, que l'un de nos Livres Canoniques (*c*) propose pour exemple aux personnes paresseuses & desœuvrées. Les Fourmis comme les Abeilles, s'assemblent en corps de République, qui se soutient par l'ordre, le concert, & le travail commun. Chacune d'elles contribuë au bien général, & porte au grenier public tout ce qu'elle peut ramasser pendant l'été, soit par ses propres forces, soit avec le secours de quelques autres, quand le fardeau est trop pésant. Il en coute à nos meilleurs arbres, & l'on a toutes les peines du monde à détruire une fourmilliere. Jonston (*d*) en a fait

(a) *Jonston, tom.* 1.
(b) *L'Emery, Dictionn. des Drogues.*
(c) *Proverb.* 6. 6.
(d) *L.* 2. *de Insect. art.* 1. *fig.* 16.

graver deux : toute l'industrie humaine ne sçauroit aller plus loin ; la premiere de ces fourmillieres étant une petite ville quarrée, large d'un pied, & longue de quatre. Une rue, tirée au cordeau, traversoit cette ville dans toute sa longueur : & cette rue étoit croisée par deux autres, qui formoient trois quartiers différens. A l'extrémité de ces rues se trouvoient, dans l'une les œufs de ces Insectes, & dans l'autre les magasins, qui renfermoient leurs provisions. La propreté y regnoit par tout. A la rue du milieu étoit une porte, & c'étoit l'unique. Tournée du côté du Midi, elle recevoit l'aspect du Ciel le plus favorable pour la conservation du bled, qu'elles recueillent, & dont elles rongent les deux bouts, afin de le mettre hors d'état de germer. Plutarque (a) donne le Philosophe Cléanthe pour témoin oculaire du fait suivant. Des Fourmis sortirent d'une fourmilliere, & allerent à une autre, portant une Fourmi morte. Celles de cette seconde fourmilliere parurent, & après une espéce de conférence avec les premieres, rentrerent, reparurent, retournerent encore, & ensuite de tous ces pourparlers, apporterent un ver aux premieres, qui leur rendirent leur Fourmi morte. Il y en a dans les Indes, nommées par les Portugais Fourmis de Visites (b), parce qu'elles viennent en certains tems dans les maisons, où l'on leur ouvre tout ; cette espéce de Fourmis détruisant les Rats, les Souris & tous autres animaux nuisibles. Le plus rédoutable ennemi de la Fourmi est un autre Insecte, nommé par cet endroit Fourmi-Lion. Nos Modernes (c) l'ont décrit avec complaisance, & en effet rien ne mérite mieux la déscription ; son adresse à amonceler une portion de sable mouvant, & à s'y cacher : sa patience à y attendre sa proye, son adresse à lui lancer ce sable, & à l'en inonder : sa promptitude à en profiter : sa finesse à rejetter le cadavre de la Fourmi, qu'elle a sucée, afin que d'autres ne soupçonnent rien du piége, étant dignes de toute notre admiration. On connoît plus communément le second état de cet Insecte, qui se changeant en Chrysalide, devient ensuite ce que nous nommons Demoiselle.

(a) *De Solert. Animal.*
(b) *Journal des Sçav. May 1704.*
(c) *Histoire de l'Académie Royale des Sciences, année 1704. Hist. des six Jours. Idem Journal. L'Auteur du Spectacle de la Nature.*

G.

GRUE.

LA Gruë eſt l'un de ces Oiſeaux de Paſſage, qui fuyant le froid, ſe retirent dans les pays chauds. Elle eſt particulierement remarquable par la longueur de ſon col, & l'ordre, que cette ſorte d'Oiſeaux gardent entr'eux dans leurs traverſées pour fendre l'air, dont la diſpoſition eſt telle, que la troupe volante forme une ſorte de triangle, à la pointe duquel ſe met la plus forte, qui, lorſqu'elle ſe ſent laſſe, prend la queuë, & ſe trouve remplacée par celle qui la ſuit; ce qui arrive à toutes ſucceſſivement. Abbatuës à terre, pour ſe répoſer, il y en a toujours une, qui fait le guet pendant que les autres dorment : & pour s'empêcher elle-même de dormir, ſe ſoutient ſur un pied ſeulement, tenant l'autre en l'air avec une pierre, dont la chute l'éveille, quand elle ſuccombe au ſommeil (a).

H.

HIRONDELLE.

DANS l'Hirondelle, qui eſt l'un des Oiſeaux qui nous ſont le plus connus, on admire le vol rapide & leger, qui nous l'amene chaque année au Printemps, & la reporte en Automne dans les régions chaudes, qu'elle cherche. On admire encore l'adroite ſtructure de ſon nid. Attaché aux murailles de nos maiſons, ſouvent à notre portée (& j'en ai vû à la campagne ſous de grandes portes) il eſt maçonné d'une maniere ſi ſolide, qu'il en eſt maſtiqué. Avec quoi l'Hirondelle contourne-t'elle ce petit édifice en cul de lampe ſelon toutes les regles du ceintre ? Avec ſon bec. Et quels ſont ſes matériaux ? De la pouſſiere, qu'elle détrempe avec la roſée, qu'elle ſecouë de ſon eſtomach mouillé dans les Etangs ou les Rivieres, qu'on lui voit raſer à tant de repriſes de ce vol rapide & ſoutenû, qui lui eſt propre. Voilà l'un des ſujets de ce mouvement perpétuel, où nous la voyons. Et en effet combien lui

(a) *Ariſt. H. A. l. 9. c. 10. Cicero de Nat. Deor. l. 2. Plutarch. de Solert. Animal.*

faut-il d'actes répétés pour bâtir ce nid, dont elle vient tous les ans chercher les vestiges après une absence de six mois; ces Oiseaux se partageant entr'eux le terrein de la campagne, & les rues des Villes, où ils fixent suivant leurs conventions particulieres leur demeure semestre. On s'en est assuré par l'expérience, & j'en ai vû une, ayant une plume postiche, qu'on lui avoit attachée exprès, revenir chaque Eté dans le même endroit. Leur départ est encore admirable. Aux approches du jour pris à ce sujet (ce qui arrive vers la fin du mois de Septembre) le rendez-vous est donné en chaque département. Quelques jours sont employés à rassembler la troupe. Les Commissaires choisis à cet effet se donnent les plus grands mouvémens. La revuë générale se fait ensuite, & tout le corps se met en route, sans qu'une seule reste. A quelle heure, & dans quel instant ? C'est ce qui a échappé aux yeux de tous ceux que j'ai consultés. On assure que dans la traversée, qu'elles font de nos côtes à celles d'Afrique, lorsqu'elles se sentent lasses, elles s'abbatent sur les Mâts & dans les Voiles des Vaisseaux, & qu'au défaut de ce secours elles se mettent à la Mer, une aîle élevée du côté du vent, qui est favorable à leur passage, & qu'après avoir repris leurs forces, elles remontent en l'air, & continuent leur route. Dans les païs du Nord elles s'assemblent par pelotons, & colées l'une à l'autre elles se plongent au fond des lacs, où elles passent l'hyver presqu'en état de mort; mais le printemps les ranimant, elles reparoissent, & s'envolent. (a).

I.

ICHNEUMON.

L'ICHNEUMON, ou Rat d'Egypte, suivant Bélon (b), est un animal amphibie, de la grandeur du Chat, mais plus long. C'est l'ennemi déclaré du Crocodile, dont il détruit les œufs, autant qu'il lui est possible. Et quand le Crocodile lui-même est endormi, cet animal se jette dans sa gueule, descend dans ses entrailles, & les lui ronge. On lui attribue la finesse dans son combat avec l'Aspic,

(a) Derham. Theol. Phys. pp.   (b) Observ. l. 22. c. 22.

FABLE PHENICIENNE.

de se rouler dans le limon, & de le laisser durcir au soleil ; après quoi, couvert de cette espece de cuirasse, il attaque son ennemi, dont la défaite est sûre (*a*).

L.

LÉOPARD.

UN sçavant (*b*), qui a travaillé depuis Bochart, sur les animaux, dont l'Ecriture Sainte fait mention, distingue le Léopard de la Panthere, & il lui donne une Lionne pour mere ; & pour pere, le mâle de la Panthere. C'est un animal carnacier, & des plus terribles. Plus petit que le Lion, il en a néanmoins la force. Sa peau est tachetée, & sa vîtesse est extrême. Il a la gueule fort grande, les dents très-aiguës, le col & le corps fort longs, ainsi que la queuë. Ses pieds de devant ont cinq doigts : ceux de derriere n'en ont que quatre, & ils sont tous armés de griffes pointuës, & tranchantes (*c*). On trouve cet animal en Asie, en Afrique, sur les Montagnes & dans les Bois. Les Quojas parmi les Négres lui donnent le titre de Roy des Forêts. Quand ils peuvent en tuer un, ils sont obligés de l'apporter à leur Roy, & c'est un jour de fête pour eux (*d*).

LICORNE.

Sur l'existence de la Licorne les opinions ont fort varié. Les anciens n'en ont nullement douté. Dapper (*e*) veut que cette corne si longue, si solide & si pointuë, qui se voit dans plusieurs cabinets, ne soit pas celle de la licorne, mais d'un poisson nommé Narwal, qu'on trouve sur les côtes d'Irlande & de Groënlande ; sentiment adopté par quelques-uns de nos modernes. Ludolf (*f*) le combat, & prouve par le témoignage de plusieurs Auteurs la réalité de cette existence, en soûtenant que la Licorne est l'animal dont l'Écriture parle sous le nom de *Réem.* Les habiles Critiques, à qui nous devons nos Ephémérides sçavan-

---

(*a*) *Arist. H. A. l. 9. c. 6.*
(*b*) *Maius, H. A.*
(*c*) *L'Emery, Dict.*
(*d*) *Déscript. de l'Afrique par Dapper.*
(*e*) *Idem ibid.*
(*f*) *Dans son Comm. sur son Hist. d'Ethiop.*

tes (*a*) sont revenus à ce sentiment, après lui avoir été contraires (*b*) & ils parlent d'un voyageur, qui avoit dit à M. Toinard avoir eû un Poulain de Licorne, qu'il auroit élevé, s'il avoit trouvé une Jument pour l'alaiter. D'autres juges de nos Ouvrages (*c*) ne permettent plus de douter que la Licorne ne soit un animal réel, & suivant eux il est de la taille d'un Cheval bien proportionné, d'un poil bay, la queüe & les extrêmités noires. On le trouve en Ethiopie, aux Indes, & en particulier dans les Forêts des Agaüs, au Royaume de Démote (*d*).

LION.

Ce qu'il y a de plus remarquable dans le Lion, à qui l'on donne le premier rang entre les quadrupedes, est son aspect terrible, sa longue criniere, ses dents effroyables, ses griffes tranchantes, la force de son corps & de sa queüe, fier, hardi, généreux, attaquant tout, hommes & animaux; si quelquefois il est obligé de céder au nombre, il ne recule qu'avec fierté & une sorte de dédain pour ceux qui l'attaquent: & faisant toujours une retraite honorable, il ne s'abandonne à la fuite, que, lorsque les bois qu'il gagne, peuvent lui en épargner la honte par l'absence de tout témoin (*e*). Entr'autres traits qui prouvent combien il est capable de sentimens, il y a celui de cet Esclave fugitif d'un Proconsul d'Afrique, lequel étant entré dans une caverne pour s'y cacher, vit arriver un Lion considérablement blessé au pied, qu'il présenta à cet Esclave plus d'à demi mort de peur. Il le prit; regarda la blessure, soulagea le Lion, & le guérit dans la suite. La reconnoissance de cet animal alla si loin, qu'il partagea son antre avec l'Esclave, & le nourrit pendant trois ans de ce qu'il prenoit à la chasse. L'un & l'autre furent pris à leur tour & conduits à Rome, mais séparement, & en des tems différens. Cet Esclave exposé un jour aux bêtes, on lâcha sur lui un Lion terrible, qui s'élançant de loin contre sa proye, dès qu'il en fut plus près, & qu'il l'eût reconnu, doux, caressant, flateur, lêcha les pieds & les mains de

(*a*) *Journal des Sçavans*, Décemb. 1719.
(*b*) *Journal des Sçavans*, Novemb. 1717.
(*c*) *Mémoires de Trévoux*, Janv. 1729.
(*d*) *Le R. P. Laba, Rélation d'Abissinie.*
(*e*) *Plin. l. 8. c. 16. Arist. H. A. Isaïe, c. 21. ỳ. 4.*

cet Esclave, qui lui rendit familiérement ses caresses, quand il eut repris ses esprits, & que la reconnoissance eût été mutuelle. L'Empereur, sa Cour, & tout le Peuple étant saisis d'admiration, l'on fit venir l'Esclave, & l'Empereur l'interrogeant, toute l'avanture lui fut contée. Le prix d'un fait si singulier fut la liberté de l'un & de l'autre. Le Lion s'attachant à l'homme, fit depuis sa fortune; tout le monde voulant les voir. Le célebre Apion avoit écrit cette histoire en témoin oculaire. Aulu Gelle (*a*) la rapporte d'après lui, & suivant un Auteur moderne, & très grave, (*b*) la chose se passa sous l'Empereur Caïus surnommé Caligula. Un second trait du même genre, est celui de ce Lion, qui dans le tems des premieres Croisades délivré d'un serpent énorme (*c*) par l'un de nos guerriers, s'attacha si fortement à lui, que ce dernier repassant en France, & l'équipage n'ayant pas voulu recevoir le Lion dans le vaisseau, cet animal sensible se jetta à la Mer, suivit le bâtiment, & se noya quand les forces lui manquerent. Si l'on veut d'autres traits, & plus récens de la grandeur d'ame, & de la clémence du Lion, l'on peut consulter l'Auteur de la Nouvelle Relation de l'Afrique Occidentale (*d*). Il en a rapporté deux assez intéressans, pour avoir mérité les extraits assez étendus des habiles gens (*e*) que j'ai déja cités. Au reste les païs, où les Lions sont plus connus, est l'Afrique.

M.

MILAN.

TOUT ce qu'il y a à sçavoir sur le Milan, est qu'oiseau de proye comme l'Epervier, on peut le regarder comme en étant une espéce.

(a) *L. 5. c. 14.*
(b) *Tillemont, Empereurs, t. 1. p. 465.*
(c) *Maimbourg, qui cite son Auteur.*
(d) *Le P. Labat.*
(e) *Journal des Sçavans, Août 1728.*

O.

OURS.

L'OURS est un animal féroce & difforme. Sa hauteur ordinaire est celle de l'Ane. Ses pieds ont la forme de mains. Il a des ongles crochus & très forts. Ses dents sont crenelées. Il se plaît sur les montagnes, & les pays septentrionnaux sont pleins de ces animaux. On y en trouve de blancs. Un Voyageur (*a*) parle d'un de ces derniers, qui étoit de la grosseur d'un Bœuf, & dévora deux Hommes de l'équipage. Un autre, dont un second Voyageur (*b*) fait mention, étoit d'une grandeur, & d'une force si prodigieuses, qu'au milieu d'une Ville, entré dans une étable, il se saisit d'une Vache, & l'emporta avec ses pieds de devant. On lit dans une autre relation partie d'une très bonne main (*c*) que les Ours aiment beaucoup le miel, & qu'ils dorment tout l'hyver, après avoir mangé d'une certaine herbe, qui entretient leur sommeil jusqu'au retour de la belle saison.

P.

PERROQUET.

LA facilité, qu'ont les Perroquets à parler toutes les langues, qu'on leur apprend : la beauté de leur plumage, & la varieté de leurs espéces les ont rendus communs par le transport qu'on en fait des pays étrangers, & sur tout des Indes Orientales & Occidentales. L'Isle de France, dont les particularités nous ont été données d'une si bonne main (*d*) en produit de verds & de gris. Quand on en fait crier un, dit l'Auteur, tous les autres accourent, & l'on s'en saisit comme on veut. Il y a dans le Mexique une riviére appellée du nom de ces oiseaux, apparemment, dit un second Auteur (*e*) de la même considération que le

---

(*a*) *Voyage de Moscou à la Chine. Voyez le Supplément du Journal des Sçavans, Avril* 1708.

(*b*) *Le R. P. d'Avril de la Compagnie de Jesus, Voyage pour découvrir un nouveau chemin à la Chine.*

(*c*)

(*d*) *Le R. P. Ducros, de la Compagnie de Jesus,* 18 *Recueil des Lettres Edifiantes & Curieuses.*

(*e*) *Le R. P. Taillandier, ibid.* 11 *Rec.*

FABLE PHENICIENNE. 297

premier, à cause des gros Perroquets, qu'on y voit. Ils sont de la grosseur d'une Poule. Le haut de leur tête est jaune, & tout le reste du corps est vert. Nous connoissons les Perruches, qui sont au contraire fort petites. Il y en a au Méxique de couleur bleuë très vive, & plus petites que des Grives (*a*).

PHENIX.

Le Phénix, Oiseau toujours unique, a, suivant Solin (*b*), l'Arabie pour Patrie. Il est de la grandeur de l'Aigle. Un plumage exquis, en forme de pannache, ombrage sa tête. Les plumes de son col sont dorées. Celles de sa queuë sont mêlées de pourpre & d'incarnat. Ses yeux sont étincelans comme deux étoiles. Ovide, Claudien, & tant d'autres Poëtes, qui ont parlé du Phénix, n'ont pû renchérir sur cette description, qui paroît d'abord rendre la chose fabuleuse; mais on peut suspendre son jugement par tout ce que les Historiens, les Saints Peres, & même l'Ecriture ont dit de cet Oiseau si rare. Le passage de Job (*c*) paroît formel en sa faveur : on ne sçauroit remonter plus haut en fait de témoignage. Celui d'Hésiode, qui donne un si long cours à la vie du Phénix, vient ensuite. Après lui Hérodote, (*d*) le plus ancien des Historiens Prophanes, qui nous restent, dit, qu'au rapport des Egyptiens de la Ville d'Héliopolis, le Phénix y revenoit de cinq cens ans en cinq cens ans déposer le corps de son pere enveloppé de myrrhe dans leur Temple du Soleil. C'est apparemment sur ce rapport, que Tacite (*e*) semble se ranger du parti de ceux, qui ne font vivre le Phénix, que cinq Siécles. Du temps de cet Historien on tenoit que le premier Phénix, qu'on eût vû, avoit paru en Egypte sous Sésostris : le deuxiéme sous Amasis, & le troisiéme sous Ptolomée Evergetes. Le même Historien, Pline (*f*) Solin (*g*) & Dion (*h*) disent tous qu'on en avoit vû un sous Tibere, & ils ne différent entr'eux, que de deux ans sur l'époque de ce phénomene. Pline (*i*) fait encore mention d'un prétendu Phénix apporté à Rome sous l'Empereur Claude, & qui

(*a*) *Le même P. Taillandier*, 11. *Recueil.*
(*b*) C. 42.
(*c*) C. 29. ỳ. 18.
(*d*) L. 2. c. 73.
(*e*) *Annal. l.* 6.
(*f*) L. 10. c. 2.
(*g*) C. 33.
(*h*) L. 58.
(*i*) *Loco citat.*

fut exposé en plein Sénat. Là finit toute apparition du Phénix, & il n'en est plus resté que l'idée avec le bruit des merveilles, qu'on a continué d'en publier, telles que celles de sa mort, & de sa réproduction, qui se fait de ses cendres. On peut consulter à ce sujet les Auteurs Ecclésiastiques, que je cite (a). Mais dans ces derniers temps on a examiné sérieusement si cet Oiseau existe, (b) & les raisons, qui déterminent nos Modernes à la négative, sont en substance, qu'Hérodote, Tacite & Pline n'affirment pas absolument ce qu'ils en disent : que les sentimens sur la durée de sa vie, l'endroit précis où il dresse son bûcher, & sa maniére de revivre, se contredisent : Et que les loix de la nature s'opposent à son unicité, & par conséquent à sa réalité. Ils pensent tous que le mot de Phénix employé par Job suivant la version des Septante, doit s'entendre du Palmier, ou du Sable de la mer. C'est à ceux, qui aiment le merveilleux, à voir si ces raisons leur feront abandonner une opinion si ancienne, & si généralement répandue. Ce que Rabelais liv. 5, chap. 30 de son Pantagruel, dit du Phénix, est que selon son petit jugement, ceux qui en ont écrit, n'en virent oncques ailleurs, qu'au pays de *Tapisseries*.

R.

R A T.

CEUX, qui ont horreur des Rats, ne la perdront point par ce qu'en dit un Auteur bien digne de foi (c) qui rapporte que l'Isle de France, aux Indes, est désolée par ces animaux. Ils sortent vers la fin du jour du fond de la terre en aussi grand nombre, que des Fourmis : & se répandant la nuit en tous lieux, rien (ajoute-t-il) n'échape à leurs dents. On est obligé, si l'on veut dormir, de s'envelopper comme des morts, & dans cet état (ce sont ses termes) il faut tâcher de s'accoûtumer à sentir cette maudite engence troter sur soi, sauter, se battre, & quelquefois vous mordre. On sçait toute l'incommodité, que les Marins en éprouvent

---

(a) *Origenes. S. Clement Pape. Lactance, Tertullien. S. Basile le Grand, S. Cyrille de Jérusalem, & S. Ambroise.*
(b) *Tentzelius. Brevun liv. 3, chap. 12.*
D. Calmet, Dissert. à la tête de son Comment. sur Job.
(c) *Le R. P. Ducros, Lettre déja citée.*

FABLE PHENICIENNE.

dans leurs voyages, & qu'un Vaisseau n'est pas plutôt lancé à la mer, que les Rats s'en emparent. Les Souris sont assûrément bien moins de desordre ; cependant Varron cité par Derhem (*a*) rapporte que l'Isle de Gyare, l'une des Cyclades, fut désertée par ses Habitans à cause des Souris.

RHINOCEROS.

Suivant le Continuateur d'Aldroan (*b*) on ne sçauroit rien dire de bien certain sur la forme du Rhinoceros. On pouvoit penser ainsi de son temps par le défaut des découvertes qu'on a faites depuis : telles, que celles des RR. PP. Jésuites de Portugal, lesquels ont vû l'un de ces animaux en Ethiopie, & en ont même nourri un jeune chez-eux (*c*). L'un de nos Voyageurs les plus estimés (*d*) entre dans le plus grand détail à cet égard, en ayant vû un autre, qu'un Ambassadeur d'Ethiopie avoit amené à la Cour de Perse, où il étoit pour lors. Voici la description qu'il en donne. Il avoit une corne sur le nez de la grosseur & de la forme d'un pain de sucre de deux livres : le museau rond, & tourné comme un bec d'Aigle : quatre dents seulement, deux en haut, & deux en bas : les yeux placés presqu'auprès de ses lèvres : la queuë menuë, d'environ un pied de longueur, ayant neuf ou dix nœuds en forme de chapelet ; tout le corps couvert d'écailles approchantes de celles de la Tortuë, à l'exception du dos & de la tête : les pieds courts & épais, faits de trois fourchons, ou argots de corne sur le devant, & de durillons sur le derriere. Cette description s'accorde parfaitement avec la représentation, qu'on en trouve dans Jonston (*e*) & même dans le présent ouvrage (*f*). La grosseur du Rhinoceros approche fort de celle de l'Elephant, qu'il attaque par sa partie foible, qui est le ventre. S'il la manque, il est perdu, & l'Elephant en vient à bout avec sa trompe & ses dents (*g*).

(a) *Ubi supra* p. 78.
(b) *Voyez Jonston, t.* 2. *art.* 1. 1.
(c) *D. Calmet sur les Nombres, t.* 22. *c.* 23.
(d) *Chardin, Voyage de Perse, t.* 3.
(e) *Ubi supra* 38 *fig.*
(f) *Figure de la Fable* 89 *cy-dessus.*
(g) *Jonston, loco citato.*

S.

SERPENT.

LA forme & la nature du Serpent font assez communément connuës; je ne m'arrêterai donc qu'à ses différentes espéces. Voici ce que mes recherches m'en ont appris. Hérodote (*a*) parle des Serpens volans, qui venoient de l'Arabie en Egypte, & de la guerre, qui leur étoit faite par les Oiseaux nommés Ibis. Il compare les aîles de ces Serpens à celles de la Chauvesouris. L'Isle de Ceylan, dans les Indes, produit des Serpens de toutes les sortes, suivant une Rélation, que je crois sûre (*b*), tous nos habiles Journalistes ayant bien voulu en rendre compte (*c*). Il s'y en trouve un, dont la morsure est absolument mortelle. Les accidens en sont terribles: le sang sort par tous les pores de l'homme, qui en est piqué. Un autre, qui est assez petit, & de couleur brune, assoupit les sens de maniere, que, lorsqu'on en est mordu, on meurt en moins de six heures, si le secours tarde. Il s'y en trouve d'une grosseur si monstrueuse, qu'ils engloutissent un Génisse, ou un Cerf tout entier. Un autre au contraire n'est pas plus gros qu'une corde de violon. Ordinairement perché sur les arbres, il s'élance sur tout animal qui passe, & la chair, qu'il atteint, tombe en morceaux, & la mort est certaine. Un second voyageur (*d*) du moins aussi sûr que le premier, parle de Serpens de dix pieds de long, & plus gros qu'un homme ordinaire, lesquels se trouvent dans l'un des Royaumes d'Abissinie. L'auteur (*e*) d'une Rélation de Surate, & autres lieux de l'Asie dit, qu'étant dans le Mogol, il vit un jour un Serpent si gros, qu'il avala en sa présence un des plus grands Oiseaux avec ses plumes. L'auteur de la Nouvelle Relation du Sénégal (*f*) convient que chez les Négres il se trouve des Serpens de vingt-cinq & même de trente pieds de longueur, & d'une grosseur proportionnée; mais il ne pardonne pas aux Portugais établis dans cette

---

(*a*) L. 2. c. 76.
(*b*) Hist. de cette Isle par Jean Ribeyra.
(*c*) République des Lettres Juillet 1701. Trévoux, Mars & Avril même année.
(*d*) Le R. P. Lobo, de la Compagnie de Jesus.
(*e*) Jean Ovington.
(*f*) Le P. Labat. t. 5. c. 9.

FABLE PHENICIENNE.

partie de l'Afrique de dire, comme ils font, que ces Serpens avalent un Bœuf tout entier. Notre Auteur à ce sujet se trouve arrêté par les cornes. Celles d'un Cerf font encore plus grandes. Cependant le fait est passé par les Critiques, que j'ai cités. Ce seroit donc à eux à défendre les Portuguais, si l'un de nos voyageurs (*a*) n'avoit trouvé le dénoüement, en disant que les Cerfs avalés par des Serpens, étoient des Fans, ou des Biches : ou même des Cerfs, qui avoient quitté leur bois. Suivant l'Historien des Boucaniers (*b*) la Mer du Sud nourrit en plusieurs endroits une grande quantité de Serpens marbrés, longs de deux pieds, & dont la morsure est sans remede. Dans une Rélation des Indes Orientales (*c*) on parle d'Hydres ou Serpens d'eau, qui ont quatre à cinq pieds de longs & qui sont l'effroi des baigneurs. Le Sieur Dampier (*d*) fait mention de l'un de ces Serpens d'eau, qui a près de trente pieds de longueur, & se tient dans les rivieres & les lacs, où il vit de tout ce qui se présente, hommes ou animaux, par le moyen de sa queuë, qui entraîne au fond de l'eau tout ce qui cotoye le rivage. Ce voyageur lui donne une grosse tête, & des dents de six pouces de long. Un Missionnaire, dont le témoignage ne peut être suspect (*e*) parle d'un Serpent du moins aussi monstrueux, puisqu'en rampant dans l'eau il frayoit une voye de huit ou dix pieds de large. S'il appercevoit un bâteau, il se plongeoit dessous, le renversoit, & tout ce qui étoit dedans devenoit sa proye. Dans une Lettre écrite de l'Amérique Septentrionale (*f*) on trouve la description suivante du Serpent à sonnettes, qui sont de petites vésicules, qu'il porte au bout de sa queuë, & dont le nombre augmente à mesure qu'il vieillit. Dans chacune d'elles est une espéce de pierre, qui par son froissement contre les parois de son enveloppe, font un bruit, qui sert d'avertissement aux passans. Il n'y a point de venin plus prompt que celui de ce Serpent. Tous ces objets sont effrayans : l'un de nos voyageurs (*g*) égaye un peu la matière en rapportant ce qu'il a vû & oüi dire en Egypte du fameux Serpent, hôte d'une grotte auprès de la ville

(*a*) *Le Sr. Froger.*
(*b*) *Oexmelin, à Paris 1688.*
(*c*) *Recueil des Voyages des Holland. t. 4.*
(*d*) *Voyage aux Terres Australes.*
(*e*) *Lettres Edif. & Curieus. 18 Recueil.*
(*f*) *Supplément du Journal des Sçavans, Octobre 1709. Edit. d'Holl.*
(*g*) *Paul Lucas.*

de Taeta, lequel se laisse prendre, couper par morceaux loin de cette grotte, & s'y retrouve ensuite de lui-même & tout entier. Cet Auteur ne parle que d'après des Missionnaires très approuvés, qui se donnoient pour témoins oculaires d'un fait si incroyable. Au reste je crois que pour l'honneur de l'érudition il n'est pas hors de propos de sçavoir que l'une des plus anciennes opinions, & même établie par l'Ecriture Sainte (*a*) est qu'il y avoit des enchanteurs de profession, qui charmoient les Serpens par des paroles. Virgile, Ovide, Lucain & tous les autres Poëtes favorisent infiniment cette opinion. Un Formosan (*b*) dit que dans son Isle il y a des Serpens si familiers, qu'ils s'entortillent autour du corps d'un homme sans lui faire aucun mal. Le dernier voyageur que je citerai sur cet article (*c*) rapporte qu'à Malabar, & dans quelques autres endroits des Indes, on voit des Serpens, qui se laissent apprivoiser au point, qu'on les rend capables de faire différens tours d'adresse.

SINGE.

L'Auteur du voyage du Tour du Monde (*d*) parle des Singes des Philippines, dont le nombre est infini, & la grandeur extraordinaire. Un Soldat voulant un jour les insulter, ils se défendirent avec des bâtons si vigoureusement, que l'Agresseur en mourut dans la suite. Le continuateur de ce voyage (*e*) en vit un autre jour une grosse troupe, qui se lançoient d'arbre en arbre par dessus sa tête, rompoient des branches, dont ils tâchoient de l'atteindre, & le suivirent jusqu'à son logis en grande volonté de lui méfaire. On donne (*f*) ceux de la Guinée pour les plus gros & les plus méchans de l'Afrique. Ils obligent les Négres, qui les craignent fort, à se battre contr'eux, en leur présentant un bâton à cet effet. Ils font pis, & suivant le Voyageur, que j'extrais, on en a vû enlever de jeunes filles, & les porter au haut des arbres, d'où l'on avoit toutes les peines du monde

---

(a) *Job*, c. 40. ⅴ. 25. *Psalm*. 57. ⅴ. 5. *Jerem*. 8. 17. *Eccles*. 10. 11. *Ecclesiastiq.* 12. 13.
(b) *Rélat. Amsterd.* 1705.
(c) *Gauthier Schouten.*

(d) *T.* 5. l. 2. c. 3.
(e) *Dampier.*
(f) *Le Sieur Froger, Rélation imprimée en* 1699.

à les leur ôter. Il parle de deux autres espéces de Singes, que l'on trouve au Bresil, les uns nommez Sagoüins, & les autres Mocoqs. Les premiers, qui n'ont que la grandeur de l'Ecureüil, font très jolis. Les seconds pleurent toujours, & cependant ils sont de parfaits Pantomines. L'Auteur, qui entre le plus dans le détail sur les différentes espéces de Singes, est celui qui nous a donné la Relation du Sénégal. Il parle de Singes rouges, qu'on trouve à Tuabo, & de l'opinion des Negres que les Singes en général sont des hommes sauvages, qui par pure paresse, & pour s'exempter du travail affectent de parler un langage tout différent du nôtre. Ces Singes rouges se tiennent sur les arbres avec une infinité de Serpens, qui ne leur font nul mal (*a*). Cet Auteur parle ailleurs (*b*) de Singes, qui sont plus blancs que nos Lapins, & ont, comme eux, les yeux rouges. L'Auteur déja cité du Voyage autour du Monde (*c*) dit avoir vû l'un de ces Singes blancs dans un logis, & il ajoûte que, comme il étoit extrêmement vieux, pour voir les objets éloignés, il se faisoit de ses pattes une espéce de lorgnette, tout comme nous pouvons faire. Un autre, d'une différente espéce, portoit sa natte & la changeoit de place afin de mieux dormir. Il parle d'autres Singes, qui allant à la pêche des huîtres, saisissoient le moment où elles s'ouvroient, & pour les empêcher de se refermer, avoient l'adresse de jetter une pierre entre les deux écailles; ce qui les mettoit en état de jouir de leur proye. Ils prenoient de même les Crabes en mettant leurs queuës entre les pinces de ces poissons. Ce qui reste à dire sur le présent article est, que dans l'Isle de Ceylan, il y a une espéce de Singes connus sous le nom de Bavianes, & traités par les Indiens d'hommes Sauvages, & qui vivent dans les bois. La Relation, où il en est parlé (*d*) a été extraite par nos Journalistes & ceux de Hollande (*e*). On apprend d'eux que ces Bavianes ont presque la figure, & la grandeur humaine, le dos tout couvert de poils, le visage rude, le nez plat, nos oreilles: qu'ils sont robustes, agiles & hardis. On en prend avec des lacs. On les apprivoise, & l'on leur apprend à marcher

---

(*a*) *T.* 3. *p.* 300.
(*b*) *T.* 4. *p.* 93.
(*c*) *T.* 5. *p.* 163.
(*d*) *Gauthier Schouten.*
(*e*) *République des Lettres, Juill.* 1707.
Mémoires de Trévoux, Juin 1731.

sur les jambes de derriere ; ce qui les met en état de rendre toutes sortes de services domestiques tels, que de rincer les verres, verser à boire, tourner la broche, balayer la maison. L'un de ces Journalistes (*a*) dit en avoir vû un dans une hôtellerie, près de Geneve. Un autre apporté d'Angola en Hollande, fut donné à Frederic Henry Prince d'Orange (*b*).

T.

TIGRE.

LE plus cruel & le plus féroce des animaux, c'est le Tigre. Avec lui les hommes ne sont pas plus en sûreté, que les animaux. Il entre dans les maisons, & suit sa proye jusqu'au haut des arbres (*c*) où il grimpe comme le Chat, dont il a tout l'air de tête & le naturel perfide (*d*) sa grandeur n'est qu'un peu au-dessus de celle de nos plus grands Levriers (*e*) ses yeux sont jaunâtres : le feu y étincelle. Ses dents sont aiguës, tranchantes & très-fortes. Sa langue est rude comme une lime. Son corps est long & délié. On en a vû des peaux, qui avoient plus de cinq pieds de longueur (*f*), sa queuë est longue à proportion : le poil en est fort court. Le plus sanguinaire de tous les animaux, il se jette sur tous, & même sur l'Elephant, qui n'a, pour s'en débarasser, qu'un seul moyen ; c'est de se renverser sur le dos pour étouffer ou écraser cet ennemi insatiable (*g*). On en a vû dans la nouvelle Espagne, qui montés sur des arbres au bord de l'eau, observoient les Crocodiles, & prenant leur tems en venoient quelquefois à bout (*h*). Jonston en conte deux traits fort curieux. Un vaisseau étoit à la rade, un Esclave, qui faisoit partie de l'équipage, avoit rêvé une nuit qu'un Tigre l'emportoit : il ne voulut point de tout le jour descendre à terre. La nuit suivante s'étant caché sous la prouë pour y dormir, un Tigre sauta dans le bâtiment, & parmi plus de trente personnes, qui s'y trouvoient, il choisit ce misérable, & l'enleva. Un autre vaisseau étoit à bord. L'un des gens de l'équipage étoit à

(a) *République des Lettres, ibid.*
(b) *Journal des Sçav. Juillet 1708.*
(c) *République des Lettres, ubi suprà.*
(d) *Journal des Sçavans, loco citato.*
(e) *Le P. Labat. t. 2. c. 3.*
(f) }
(g) } *Idem.*
(h) }

terre,

FABLE PHENICIENNE. 305

terre, & affez près de ce vaiffeau. Parut un Tigre, qui voulant fe mettre entre le bâtiment & l'homme, pour lui ôter les moyens de fe fauver, fe porta à cette action fi brufquement, qu'il alla frapper contre le vaiffeau, & tomba dans la gueule d'un Crocodile, qui étoit là, & bien à propos pour le falut de cet homme. Au refte le Tigre eft de toutes les parties du monde, fi l'on en excepte l'Europe. On parle fur-tout de ceux d'Afrique, du Perou & du Chily.

TORTUE.

Il y a des Tortuës de Terre, & il y en a de Mer. Les premieres s'affemblent fur le foir par troupes de deux ou trois mille, fi ferrées les unes contre les autres, que la terre en paroît pavée. Aux quatre flancs, & à quelques pas du bataillon font pofées des fentinelles. Leur chair eft bonne à manger, & a le goût fort approchant de la viande du Mouton. On mange auffi leurs œufs, qui font tout ronds. Il y a des Tortuës, qui péfent jufqu'à cent livres. Celles de Mer ne font pas moins communes. Elles font fi fécondes, qu'en moins de deux heures, leur ponte eft de près de 200 œufs, qu'elles couvrent de fable, & que la chaleur du Soleil fait éclorre. A peine la chofe eft-elle faite, que ces petites Tortuës prennent le chemin de la Mer, où ce jeune effaim fe plonge (*a*). L'Ifle des Barbades produit des Tortuës vertes, fi groffes, qu'en les ouvrant, on leur trouve dans le corps un boiffeau & demi d'œufs, & leur cœur palpite dix heures après leur mort. Pour les tuer, on les renverfe fur le dos (*b*). La Tortuë verte eft celle, que l'Auteur de la Rélation du Sénégal nomme Tortuë Franche (*c*). L'écaille du Caret, qui eft la feconde efpéce de Tortuë, dont il parle, eft la feule qu'on commerce, & qu'on puiffe mettre en œuvre. L'habile Ecrivain, qui nous a donné l'extrait de cette Rélation (*d*), fait dépendre la fûreté de ce qu'on y dit de la grandeur de quelques Tortuës capables de porter des hommes, de la vérité du témoignage d'un ancien

(*a*) *Voyages du Sieur Leguat, Extraits dans les Journ. des Sçavans, Nov.* 1707. *& dans la République des Lettres, Décembre même année.*

(*b*) *Etat des Pays, que les Anglois poffédent en Amérique, Edit. d'Amft.* 1687.
(*c*) T. 1. c. 6.
(*d*) *Mémoires de Trévoux, Avril* 1722.

Qq

Auteur (*a*), qui parle de certains Peuples, qui se servoient de grosses écailles de Tortuës pour traverser des bras de Mer; y a-t-il plus loin au Sénégal qu'à cet Auteur?

V.

VAUTOUR.

LE Vautour est un Oiseau de Proye d'une grandeur à peu près égale à celle de l'Aigle. Son bec est crochu, ainsi que les ongles de ses pieds. Le dessous de ses aîles est laine plutôt que plumage. Son ventre est couvert de poils. Les Vautours sont communs en Afrique, au Chily, & même en Suisse, & sur les Alpes. Il y en a de plusieurs espéces. Jonston, que je copie (*b*), entre dans un fort grand détail à ce sujet.

(*a*) *Pline.*   (*b*) *Tit. 1. l. 6. & tit. 2. c. 1.*

FIN.

APPROBATION.

J'AI lû par ordre de Monseigneur le Chancelier un Manuscrit qui a pour titre: *Les Fables d'Esope, avec un Discours Préliminaire, & les Sens Moraux en Distiques.* Ouvrage qui m'a paru plein de recherches curieuses & utiles. A Paris ce 29 Décembre 1741.

LASERRE.

PRIVILEGE DU ROY.

LOUIS, par la grace de Dieu, Roy de France & de Navarre, à nos amés & féaux Conseillers, les Gens tenans nos Cours de Parlement, Maîtres des Requêtes ordinaires de notre Hôtel, Grand Conseil, Prevôt de Paris, Baillifs, Sénéchaux, leurs Lieutenans Civils & autres nos Justiciers qu'il appartiendra : SALUT. Notre bien-amé le Sieur AUBOUIN, Nous a fait exposer qu'il désireroit faire imprimer & donner au Public un Ouvrage qui a pour titre : *Les Fables d'Esope, avec un Discours Préliminaire, & les Sens Moraux en distiques :* S'il Nous plaisoit lui accorder nos Lettres de Privilege, pour ce nécessaires. A CES CAUSES, voulant favorablement traiter l'Exposant, Nous lui avons permis & permettons par ces Présentes, de faire imprimer ledit Ouvrage en un ou plusieurs volumes, & autant de fois que bon lui semblera, & de les faire vendre & débiter par tout Notre Royaume pendant le tems de neuf années consécutives, à compter du jour de la datte desdites Présentes. Faisons défenses à toutes sortes de personnes de quelque qualité & condition qu'elles soient, d'en introduire d'impression étrangere, dans aucun lieu de Notre obéïssance. Comme aussi à tous Libraires, Imprimeurs & autres, d'imprimer, faire imprimer, vendre, faire vendre, ni contrefaire ledit Ouvrage, ni d'en faire aucun Extrait, sous quelque prétexte que ce soit, d'augmentation, correction, changemens ou autres, sans la permission expresse & par écrit dudit Exposant, ou de ceux qui auront droit de lui, à peine de confiscation des Exemplaires contrefaits & de trois mille livres d'amende contre chacun des contrevenans, dont un tiers à Nous, un tiers à l'Hôtel-Dieu de Paris & l'autre tiers audit Exposant, & de tous dépens, dommages & intérêts ; à la charge que ces Présentes seront enregistrées tout au long, sur le Registre de la Communauté des Libraires & Imprimeurs de Paris, dans trois mois de la datte d'icelles, que l'impression dudit Ouvrage sera faite dans Notre Royaume & non ailleurs, en beau papier & beaux caracteres, conformément à la feuille imprimée & attachée pour modele sous le contre-scel desdites Présentes, que l'Impétrant se conformera en tout aux Réglemens de la Librairie, & notamment à celui du dix Avril mil sept cent vingt-cinq ; qu'avant de les exposer en vente, le Manuscrit ou Imprimé qui aura servi de copie à l'impression dudit Ouvrage, sera remis dans le même état où l'Approbation y aura été donnée, ès mains de Notre très-cher & féal Chevalier, le Sieur DAGUESSEAU, Chancelier de France, Commandeur de Nos Ordres, & qu'il en sera ensuite remis deux Exemplaires dans Notre Bibliotheque Publique, un dans celle de Notre Château du Louvre, & un dans celle de Notredit très-cher & féal Chevalier, le Sieur DAGUESSEAU, Chancelier de France, le tout à peine de nullité des Présentes, du contenu desquelles Vous mandons & enjoignons de faire jouir ledit Exposant ou ses Ayans causes pleinement & paisiblement, sans souffrir qu'il leur soit fait aucun trouble ou empêchement. Voulons que la copie desdites Présentes, qui sera imprimée tout au long, au commencement ou à la fin dudit Ouvrage, soit tenuë pour dûement signifiée, & qu'aux copies collationnées par l'un de nos amés & féaux Conseillers & Sécretaires, foi soit ajoûtée comme à l'Original. Commandons au premier Notre Huissier ou Sergent sur ce requis, de faire pour l'exécution d'icelles tous Actes requis & nécessaires, sans demander autre permission, & nonobstant Clameur de Haro Charte Normande & Lettres à ce contraires. Car tel est Notre plaisir : DONNE' à Paris le vingtiéme jour du mois de Juillet, l'an de grace mil sept cent quarante-deux. Et de Notre Regne le vingt-septiéme. *Signé*, par le Roy en son Conseil, SAINSON.

Regiftré fur le Regiftre XI, *de la Chambre Royale & Syndicale des Libraires & Imprimeurs de Paris*, N°. 48. *fol.* 39, *conformément au Réglement de* 1723, *qui fait défenfe, art.* IV, *à toutes perfonnes de quelque qualité qu'elles foient, autres que les Libraires & Imprimeurs, de vendre, débiter & faire afficher aucuns Livres, pour les vendre en leurs noms, foit qu'ils s'en difent les Auteurs ou autrement. Et à la charge de fournir à ladite Chambre Royale & Syndicale des Libraires & Imprimeurs de Paris, huit Exemplaires prefcrits par l'Article* CVIII *du même Réglement. A Paris, le* 24 *Juillet* 1742.

Signé, SAUGRAIN, *Syndic*.

De l'Imprimerie de THIBOUST, Imprimeur du ROY, Place de Cambray. 1743.

ERRATA.

Discours préliminaire, page vij, aux Citations, au lieu de fori, *lisez* fari.

Ibid. page xxj aussi aux Citations, au lieu de Thaalobi, *lisez* Thaalebi.
Page 4 des Fables au lieu de fiers, *lisez* fieres.
Page 7 au lieu de Foer, *lisez* Faer.
Page 8 au lieu d'attendrai, *lisez* j'atteindrai.
Page 13 au lieu de παιδίνη, *lisez* παιδίνη.
Page 33 au lieu d'un, *lisez* d'une.
Page 100 au lieu de comme ayant été par, *lisez* comme ayant été contée par.
Ibid. au lieu d'ἐταιρίγος, *lisez* ἐταιρεία.
Page 180 au lieu de Brisfaut, *lisez* Briffaut.
Page 195 au lieu de Caves, *lisez* Cuves.
Page 219 au lieu de lâche, *lisez* lachez
Page 250 les belles, *lisez* les belles choses.
Page 265 s'il lui ôtoit, *lisez* si on lui ôtoit.
Page 271 au lieu de donc, *lisez* dont
Page 280 au lieu de Curées, *lisez* Curée.
Page 301 au lieu de longs, *lisez* de long.

www.ingramcontent.com/pod-product-compliance
Lightning Source LLC
Chambersburg PA
CBHW060510170426
43199CB00011B/1399